劳动者权益维护 100 问

曹晓宏 ◎ 编著

中山大学出版社
·广州·

版权所有　翻印必究

图书在版编目（CIP）数据

劳动者权益维护 100 问/曹晓宏编著 .—广州：中山大学出版社，2012.12

ISBN 978 - 7 - 306 - 04362 - 7

Ⅰ. ①劳… Ⅱ. ①曹… Ⅲ. ①劳动法—中国—问题解答 Ⅳ. ①D922.505

中国版本图书馆 CIP 数据核字（2012）第 264153 号

出 版 人：	祁　军
策划编辑：	王小莉　王　睿
责任编辑：	王　睿
封面设计：	林绵华
责任校对：	陈　霞
责任技编：	何雅涛
出版发行：	中山大学出版社
电　　话：	编辑部 020 - 84111996，84113349，84111997，84110779
	发行部 020 - 84111998，84111981，84111160
地　　址：	广州市新港西路 135 号
邮　　编：	510275　　传　真：020 - 84036565
网　　址：	http://www.zsup.com.cn　　E-mail:zdcbs@mail.sysu.edu.cn
印 刷 者：	广东省农垦总局印刷厂
规　　格：	787mm×960mm　1/16　8.25 印张　125 千字
版次印次：	2012 年 12 月第 1 版　2016 年 1 月第 2 次印刷
定　　价：	24.00 元

如发现本书因印装质量影响阅读，请与出版社发行部联系调换

序

当前,我国改革推进到攻坚破难的关键时期,各项社会事业正处于快速发展期,同时各种矛盾也日益凸显。随着工业化、城镇化进程的迅速推进,劳资关系已涵盖绝大部分的社会经济领域,劳资矛盾正在成为影响整个中国社会能否安全运行最为重要的社会矛盾问题。党中央十分重视解决包括构建和谐劳动关系在内的民生问题。党的十七届五中全会和中央经济工作会议强调指出:"坚持把保障和改善民生作为加快转变经济发展方式的根本出发点和落脚点,要认真解决人民群众最关心、最直接、最现实的利益问题,实施更加积极的就业政策,促进就业,构建和谐劳动关系,加强劳动执法,完善劳动争议处理机制,改善劳动条件,保障劳动者权益。"加强保障和改善民生,着力促进和谐劳动关系,构建社会主义和谐社会,成为我国未来五年以至更长时期内面临的重要任务。

坚持以科学发展观统领人力资源和社会保障工作的全局,着力解决劳动者由于年老、疾病、伤残、死亡、失业及其他风险灾难而导致的生存困难,构建和谐劳动关系,是巩固党执政基础的必然要求,是建设社会主义和谐社会的重要内容,是推动经济社会又好又快发展的重要条件。这给人力资源和社会保障工作提出了新要求。人力资源和社会保障部门作为社会保障体系的核心部门,担当着推动社会科学发展、促进和谐劳动关系、保持社会稳定的重要职责。举凡劳动者就业和再就业、劳动者职业培训及其技能鉴定、劳动者劳动合同纠纷及其仲裁、公平有序就业市场和劳动者合法权益的维护、规范劳资双方行为、净化人力资源市场环境以及实现社会保险费用应收尽收与应保尽保等等,无不关系着劳动者的切身利益。因此,人力资源和社会保障部门工作的好坏与否,直接关系着全体劳动者的切身利益。

作为从事人力资源和社会保障工作的机构和人员,要做到以下三个方面:首先,要以和谐劳动关系为目标,认真履行职责,切实发挥社保机构的职能作用。要坚持企业发展和维护职工权益相统一，调动劳动关系主体双方的积极性、主动性，推动企业与职工群众协商共事、机制共建、效益共创、利益共享，充分发挥社会保障人民生活"安全网"和社会"稳定器"的作用。其次，要认真学习"三法一费一条例"。以《劳动合同法》、《劳动争议调解仲裁法》、《就业促进法》、《社会保险法》、《劳动合同法实施条例》为重点，认真学习贯彻实施劳动法律法规，解决一些地方和企业存在的有法不依、执法不严的问题，把劳动关系的建立、运行、监督、调处的全过程纳入法制化轨道。最后，要构建和谐劳动关系的长效机制，建立综合运用调解、争议处理、劳动保障执法监察手段协调劳动关系的长效机制，切实保障劳动者合法权益，为实现我市"十二五"稳定发展、和谐发展作出新的贡献。

曹晓宏同志作为从事人力资源和社会保障工作的一员，以自己实实在在的行动，诠释着社会保障工作者的努力和追求。为使广大职工群众学习、了解、认识自己应享有的基本权利，提高自我保护意识，满足其维护自身合法权益的需要，曹晓宏同志在认真完成本职工作的同时，利用业余时间收集、整理、编写了《劳动者权益维护100问》一书。该书就是作者多年坚持不懈学习、刻苦钻研的结晶，是作者多年处理劳动争议工作实践经验的总结，也是广大一线人力资源和社会保障工作者默默奉献、辛勤工作、开拓创新、积极进取的一个缩影。

曹晓宏同志长期从事人力资源和社会保障工作，先后在社会养老保险、劳动争议仲裁、培训就业、财务审计等岗位工作，对劳动关系和社会保障工作十分熟悉。20多年来，他热爱本职工作，干一行，专一行，始终坚持以服务对象满意为标准，能够将《劳动争议调解仲裁法》中对受案范围、争议管辖、申请时效、仲裁裁决以及办案时限等方面的一系列新规定，及时运用到劳动争议仲裁实践当中，最大限度地维护了劳动争议当事人的合法权益，得到领导、同事的肯定和认可，特别是获得广大干部职工的一致好评。在长期的劳动争议仲裁工作中，他勤于思考，潜心钻研，善于创新，取得了较为丰硕的成果：先后撰写并发表了40余篇有关社会保险、劳动关系及劳动者权益维权方面的论文；2009年9月，他编著出版了《劳动争议案例评析100例》，该书被国家新闻出版总署推荐到

"2010—2011年农家书屋重点出版物推荐目录",2011年5月被列为广东省农家书屋政府采购工程项目,2011年9月获平凉市"第三届社会科学优秀成果一等奖",社会效益十分明显。

《劳动者权益维护100问》一书,依据现行的法律、法规和国家政策,介绍了劳动者应享有的基本权利,以及维护合法权益的方法和途径。全书着重对劳动者维权的基础知识作了较为全面的介绍,阐述了用人单位、政府有关部门、工会组织在劳动者权益保障和维护方面的职责和义务,阐明了劳动者在维护自身权益方面的相关知识。

《劳动者权益维护100问》构思新颖、内容翔实、案例生动、语言通俗,具有较强的可读性和实用性。该书适合劳动争议当事人员、劳动保障监察人员、律师、法官、企业管理人员、广大企业职工阅读,也可作为人力资源和社会保障系统工作人员普法培训教材,即将由中山大学出版社出版发行,可喜可贺。

作者约我写序,思考再三,写了上述文字,盼早日付梓,是为序。

平凉市委组织部　副部长
平凉市人力资源和社会保障局　局　长　樊文浩
平凉市劳动人事争议仲裁委员会　主　任
二〇一二年三月

目 录

一、什么是证据及如何收集证据 ………………………………… (1)
二、劳动者如何证明与用人单位建立了劳动关系 ……………… (4)
三、什么是"克扣"和"无故拖欠"工资 ………………………… (5)
四、劳动者拒绝签订劳动合同，用人单位怎么办 ……………… (7)
五、怎样写好《劳动争议仲裁申诉书》 ………………………… (8)
六、发生劳动争议后劳动者可以向哪些组织申请调解 ………… (9)
七、没有解除劳动合同证明，劳动者能否要求用人单位支付
　　经济补偿金 …………………………………………………… (9)
八、用人单位解除劳动合同不出具证明需要承担什么责任 …… (11)
九、用人单位执行计件工资就不用发加班工资吗 ……………… (12)
十、用人单位违反法律规定发包工程导致劳动者伤残的，应当承担
　　连带责任吗 …………………………………………………… (12)
十一、用人单位能否安排哺乳期职工到外地出差 ……………… (13)
十二、工伤认定是否适用"无过错原则" ……………………… (14)
十三、职工交通事故获得赔偿后是否还可享受工伤待遇 ……… (14)
十四、单位承包经营发生工伤是否需要承担连带责任 ………… (15)
十五、工亡职工直系亲属达到法定年龄后可否享受抚恤金 …… (16)
十六、追讨工伤医疗费是否可以申请先予执行 ………………… (17)
十七、什么情形下用人单位应当向劳动者支付经济补偿金 …… (17)
十八、劳动者拒绝调动能否作为用人单位解聘的理由 ………… (18)
十九、1～4级工伤劳动者是否还要继续缴纳养老保险费 ……… (19)
二十、什么是代通知金 …………………………………………… (20)
二十一、用人单位注销应当如何处理与劳动者的劳动关系 …… (21)
二十二、会议纪要是否等同于劳动合同 ………………………… (22)
二十三、法律法规对停工留薪期是怎样规定的 ………………… (23)
二十四、公司筹备期间的工作时间是否应当计入劳动合同期限 … (24)
二十五、没有达到伤残评级标准的工伤职工治疗期满后能否解除
　　　　劳动合同 ………………………………………………… (25)

二十六、用人单位如何有效控制加班 …………………………… (26)
二十七、工亡职工家属领取抚恤金后能否享受供养亲属抚恤金 …… (27)
二十八、劳动者拒缴社会保险费，用人单位面临哪些风险 ………… (28)
二十九、劳动者迟到，用人单位可否做出罚款处理 ………………… (29)
三十、用人单位注销，劳动者权益能否得到维护 …………………… (30)
三十一、无固定期限劳动合同是否等同于终身合同 ………………… (31)
三十二、单位开会时劳动者聊天能否成为解雇的理由 ……………… (32)
三十三、孕期职工辞职后反悔，劳动合同可以恢复吗 ……………… (34)
三十四、用人单位对处于"三期"的女职工能否调整工作岗位 …… (35)
三十五、"工龄"计算有哪些误区 …………………………………… (36)
三十六、不签订书面劳动合同是否应当支付两倍工资 ……………… (39)
三十七、劳务派遣有哪些"陷阱" …………………………………… (40)
三十八、盗窃用人单位的财产顶替拖欠的工资合法吗 ……………… (41)
三十九、如何在合同性质认定中确认当事人真实意思 ……………… (42)
四十、这种情形是辞职还是协商解除劳动合同 ……………………… (43)
四十一、劳动争议终局裁决如何适用 ………………………………… (44)
四十二、公司解散时如何处理与劳动者的劳动合同 ………………… (46)
四十三、录用通知与劳动合同不一致以何为准 ……………………… (47)
四十四、如何界定劳务派遣中的连带责任 …………………………… (48)
四十五、劳动合同期限与服务期期限哪个为准 ……………………… (50)
四十六、劳动合同约定与制度规定哪个为先 ………………………… (51)
四十七、这样改变用工方式的行为有效吗 …………………………… (52)
四十八、职工自行缴纳养老保险费是否可以要求用人单位赔偿 …… (54)
四十九、他们之间是否存在事实劳动关系 …………………………… (54)
五十、劳动者短期合同因期满而终止，用人单位是否需要支付
　　　经济补偿金 ………………………………………………… (56)
五十一、用工中发现劳动者患有疾病如何处理 ……………………… (56)
五十二、无固定期限劳动合同属于"铁饭碗"吗 …………………… (57)
五十三、如何防范劳务派遣中的法律风险 …………………………… (58)
五十四、如何破解工伤赔偿中农民工的尴尬 ………………………… (59)
五十五、工伤赔偿与民事赔偿该如何适用 …………………………… (60)

五十六、怎样对劳动合同条款进行增减 …………………… (61)
五十七、续签劳动合同能不能预先约定 …………………… (62)
五十八、补签劳动合同有没有必要 ………………………… (63)
五十九、怎样预防实习用工的事实劳动关系风险 ………… (65)
六十、 医院保安与病亡人员亲属斗殴受伤能否认定为工伤 ……… (66)
六十一、与处于"三期"中的劳动者续延劳动合同必须采用
　　　　书面形式吗 …………………………………………… (67)
六十二、他们之间是否建立了劳动关系 …………………… (68)
六十三、如何预防非全日制用工中潜藏的法律风险 ……… (69)
六十四、劳动合同应当具备哪些必备条款 ………………… (71)
六十五、劳动者对用人单位提出的加班要求可以拒绝吗 … (73)
六十六、兼职劳动者与用人单位之间建立的是否是劳动关系 …… (74)
六十七、用人单位能否向劳动者收取"押金" …………… (76)
六十八、劳动者整体划转为劳务派遣工时，劳动关系如何承继 …… (77)
六十九、哪些情形能够签订无固定期限劳动合同 ………… (78)
七十、 劳动者休假期满未返岗上班应当如何处理 ………… (80)
七十一、服务基金能否约束劳动者离职 …………………… (81)
七十二、劳动者两次进入同一用人单位，试用期如何计算 …… (82)
七十三、劳动合同签订单位与工资发放单位不一致，劳动关系
　　　　如何确定 ……………………………………………… (83)
七十四、辞退年薪制劳动者的经济补偿金如何计算 ……… (84)
七十五、如何认定严重违反用人单位的规章制度 ………… (85)
七十六、劳动者讨要拖欠工资应当注意什么事项 ………… (86)
七十七、如何支付女职工"三期"的工资 ………………… (87)
七十八、除名、开除还是解除劳动合同 …………………… (88)
七十九、怎样向人民法院申请欠薪支付令 ………………… (89)
八十、 夫妻在同一部门工作，用人单位可以调整其岗位吗 …… (91)
八十一、哪个用人单位该为解聘的劳动者承担责任 ……… (92)
八十二、实习过程发生意外伤害能否获得赔偿 …………… (93)
八十三、是解除劳动合同还是终止劳动合同 ……………… (94)
八十四、用人单位能否终止与合同到期工伤职工的劳动合同 …… (95)

八十五、利用假学历欺骗用人单位获得聘用有效吗 …………… (96)
八十六、用人单位可以安排哺乳期女工倒班吗 ………………… (98)
八十七、用人单位是否必须支付伤残职工的伤残就业补助金 …… (99)
八十八、被派遣劳动者遭受工伤，谁应该承担责任 …………… (100)
八十九、试用期期限如何与劳动合同期限相匹配 ……………… (100)
九十、劳动者离职后的提成该不该支付 ………………………… (102)
九十一、谁来维护患职业病劳动者的权益 ……………………… (103)
九十二、劳动者"服务期"违约应当承担什么责任 …………… (104)
九十三、公司依规处分劳动者是否有错 ………………………… (105)
九十四、用人单位能否终止与身患难以治愈疾病劳动者的
　　　　劳动合同 …………………………………………… (107)
九十五、工程转包致人伤残谁来承担责任 ……………………… (108)
九十六、这样解除劳动合同合法吗 ……………………………… (109)
九十七、用人单位有无计发奖金的决定权 ……………………… (110)
九十八、孕期职工劳动合同解除后能否撤销 …………………… (111)
九十九、如何定性"带车求职" ………………………………… (113)
一〇〇、用人单位和劳动者能否约定劳动报酬支付日期 ……… (114)

参考文献 ………………………………………………………… (115)
后　记 …………………………………………………………… (116)

一、什么是证据及如何收集证据

《中华人民共和国民事诉讼法》（以下简称"《民事诉讼法》"）第六十四条第一款规定："当事人对自己提出的主张，有责任提供证据。"这说明法律规定当事人有举证责任。列举的证据要充分，劳动人事争议仲裁申请或民事诉状中所写的主要事实，要事事有证据的支持。

（一）什么是证据

所谓证据，就是能够证明劳动人事争议案件或民事诉讼案件真实情况的一切事实。证据必须经过查证属实，才能作为劳动人事争议仲裁委员会处理劳动人事争议案件或人民法院处理民事诉讼案件的根据。

（二）证据的种类有哪些

《民事诉讼法》第六章第六十三条把证据分为七类，主要包括：
（1）书证；
（2）物证；
（3）视听资料；
（4）证人证言；
（5）当事人的陈述；
（6）鉴定结论；
（7）勘验笔录。
以上证据必须查证属实，才能作为认定事实的根据。

（三）如何收集证据

在劳动人事争议仲裁中，当事人对自己提出的权利主张，负有举证的责任。劳动人事争议仲裁委员会在仲裁中有权向有关单位和个人收集、调取证据，任何单位和个人不得拒绝。对于涉及国家机密或者个人隐私的证据，应当保密。收集证据应当依靠群众，遵守合法和客观全面的原则。

（四）证据的收集方法有哪些

在劳动人事争议仲裁中主要是询问当事人和证人，调取书证、物证、视听资料，进行勘验和鉴定，等等。

（五）怎样对证据进行判断

对证据进行判断，是指劳动人事争议仲裁委员会、司法机关审查和确定证据的真伪，并对案情事实做出结论。证据必须经过查证属实，才能作为认定事实的根据。审查证据是否确实，一方面要进行个别审查，即从证据的本身进行审查，如证人与案件是否有利害关系，鉴定结论所根据的资料是否可靠，等等；另一方面要对全部证据进行综合审查，分析它们彼此之间是否存在矛盾。个别审查和综合审查，既有区别又有联系，通常是同时进行的。

在劳动人事争议仲裁和民事诉讼中，劳动人事争议仲裁委员会、人民法院对各种证据，必须综合案件的全部材料加以分析、判断，辨别其真伪，审查确定其证明效力。《民事诉讼法》第七十一条规定，"人民法院对当事人的陈述，应当结合本案的其他证据，审查确定能否作为认定事实的根据。当事人拒绝陈述的，不影响人民法院根据证据确定对案件事实的认定"。第六十七条还规定，人民法院对经过公证证明的法律行为、法律事实和文书，应当确认其效力；但是，有相反证据足以推翻公证证明的除外。

需要指出的是，在我们国家，目前还没有独立的证据法，有关证据的法律规范分别在刑事诉讼、民事诉讼和行政诉讼的法律中予以体现。《民法通则》中也有个别规定。也就是说，虽然在我国的一些大专院校里，证据法学已作为一门课程，但是我国的证据法现在仍属于程序法的范畴。

（六）劳动维权应当注意收集哪些证据

劳动者通过劳动争议调解委员会、劳动保障监察、劳动人事争议仲裁、行政复议、民事诉讼等法律途径维护自己的合法权益，或者向人力资源和社会保障行政部门申请工伤认定、职业病诊断与劳动能力鉴定等，都需要提供证明自己主张或案件事实的证据。因此，劳动者在平时的工作中，应该注意保留有关证据，主要包括以下内容：

一是从用人单位获得的证据。主要是劳动合同，按照规定，用人单位和劳动者签订的劳动合同一式两份，一份由用人单位留存，一份由劳动者保存；同时，还包括劳动者与用人单位存在事实劳动关系的证明材料、工资单、用人单位签订劳动合同时收取押金等的收据条、用人单位解除或者终止劳动合同的通知书、出勤记录等。

二是从其他渠道获得的证据。比如职业中介机构在职业介绍过程中收取劳动者各项费用后开具的收费单据。

三是从有关社会机构获得的证据。如发生工伤或职业病后的医疗诊断证明或者职业病诊断证明书、职业病诊断鉴定书，以及向人力资源和社会保障行政部门寄出举报投诉材料等的邮政回执、挂号信收据等。

四是从人力资源和社会保障部门获得的证据。如人力资源和社会保障行政部门告知举报投诉受理结果或查处结果的通知书。

（七）农民工维权应当注意哪些事项

拖欠或者无故拖欠农民工工资，是农民工向劳动保障监察和劳动人事争议仲裁委员会寻求帮助的主要事由。但是，部分农民工对维权途径和方法缺乏了解，弄不清应找哪个部门维护合法权益，也无法提供有效的证据资料，在讨薪过程中跑了不少冤枉路，浪费了不少精力和时间。那么，农民工向人力资源和社会保障部门举报、投诉欠薪应该注意哪些重要事项呢？

农民工前来举报、投诉时要带齐以下资料：有效身份证件，如身份证、户口本等；劳动合同或者劳动协议；工资欠条以及其他有助于证明劳动关系或拖欠工资的证明文件，如加盖单位公章或者有负责人签名的单据或文件等。

部分农民工打工时因法律意识欠缺，不与用人单位签订劳动合同，只是与企业主口头约定劳动报酬，一旦"黑心"老板耍赖，农民工空口无凭，只能吃哑巴亏。为此，应尽量到合法的用人单位工作，要主动与用人单位签订劳动合同。劳动关系和拖欠工资数额是农民工投诉、举报时两个最重要的事项。没有合同的,要保存好能证明与用人单位存在劳动关系的证据,如工资条、工资存折、饭票、工作牌、出入证等,这些都有可能成为证明劳动关系曾经存在的有效证据。

另外,农民工前来投诉还应递交投诉材料,不能只是口头叙述。材料应当写明合法权益受到侵害的事实和投诉请求事项等内容,写明投诉人的姓名、性别、年龄、职业、工作单位、住所、联系方式,以及被投诉单位的名称、住所、法定代表人或者负责人的姓名、职务。

二、劳动者如何证明与用人单位建立了劳动关系

劳动关系是指劳动者与用人单位在劳动过程中发生的、以劳动和劳动报酬给付为主要内容的社会关系。这种社会关系具有以下特点:劳动关系的主体具有特定性,即劳动关系只能在劳动者和用人单位之间产生。劳动关系的主体,一方是劳动者(具有劳动权利能力和劳动行为能力);另一方是用人单位,包括企业、个体经济组织、民办非企业单位以及国家机关、事业单位和社会团体等。劳动关系的存在,必须以劳动为目的,以劳动力与生产资料的结合为手段。劳动关系既具有法律上的平等性,又具有实现这种关系的隶属性。劳动关系的双方当事人,在法律上是平等的主体,享有平等的权利。劳动者和用人单位的权利和义务主要是通过劳动合同的约定来规范的,劳动关系一经建立,劳动者就被作为用人单位的一员而纳入用人单位的管理范围。劳动关系是兼具财产性和人身性的社会关系。劳动关系的产生、变更和终止,以及双方当事人在劳动过程中的权利义务等都应该按照劳动法律法规处理。

原劳动和社会保障部《关于确立劳动关系有关事项的通知》第一条,对没有订立书面劳动合同而"劳动关系成立"的情形进行了界定,即用人单位招用劳动者未订立书面劳动合同,但同时具备下列情形的,劳动关系成立:①用人单位和劳动者符合法律、法规规定的主体资格;②用人单位依法制定的各项劳动制度适用于劳动者,劳动者接受用人单位的劳动管理,从事用人单位安排的有报酬的劳动;③劳动者提供的劳动是用人单位业务的组成部分。

《关于确立劳动关系有关事项的通知》第二条规定，认定双方存在劳动关系可参照下列凭证：①工资支付凭证或记录（职工工资发放花名册）和缴纳各项社会保险费的记录；②用人单位向劳动者发放的"工作证"、"服务证"等能够证明身份的证件；③劳动者填写的用人单位招工招聘"登记表"、"报名表"等招用记录；④考勤记录；⑤其他劳动者的证言；等等。

　　在劳动人事争议中，如果劳动者因用人单位的原因不能提供某些证据或者证人证言，还可以通过以下证据证明双方存在劳动关系：一是记载有劳动者名字的用人单位文件。用人单位下发的各种通知、工作任务安排通知单、任命通知书、介绍信、签到表、考勤表等书面资料中只要含有劳动者本人名字，即可作为证据。但这一类证据上一定要有用人单位的公章才能确保证明的效力。二是用人单位与其他单位签订的有劳动者本人签名的购销合同或其他类型合同。如果劳动者能够提供这些合同原件，可以推定双方存在劳动关系，除非用人单位能够提供反证证明双方只是委托代理关系。事实上，如果与用人单位有业务联系的单位能够出具有关劳动者曾代表用人单位洽谈业务方面的证明，也可以证明劳动者曾为用人单位提供过劳动。此类证据由于是法人或者其他组织开具的，比证人证言效力要高，按证据规则的规定也不需出具单位出庭质证，人民法院或劳动人事争议仲裁委员会即可认定其效力。三是工作中在第三方留存的由本人签名的资料。比如代表用人单位向有关单位或者机关申报材料，代表用人单位到第三方处领取支票时在支票存根处留存的本人签名，等等。四是录音、录像、照片。录音是指本人与用人单位法定代表人或者主要负责人协商谈判具体事宜时的录音。另外，用照相机或手机拍摄的上下班情况、工作方面的录像也可以作为提供劳动的证据。

三、什么是"克扣"和"无故拖欠"工资

　　《劳动法》第三条规定，劳动者享有取得劳动报酬的权利。那么，什么是劳动报酬？劳动报酬又由哪些部分组成？

　　根据原劳动保障部的《关于中华人民共和国〈劳动法〉若干条文的

说明》（1994年9月5日），《中华人民共和国劳动法》（以下简称"《劳动法》"）第三条中的"劳动报酬"是指劳动者从用人单位得到的全部工资收入。严格来说，劳动报酬的内涵和外延要远远广于工资。《劳动合同法》第三十条规定，用人单位应当按照劳动合同约定和国家规定，向劳动者及时足额支付劳动报酬。由此可见，劳动报酬的具体内容取决于国家规定和劳动合同约定。根据原劳动保障部《关于贯彻执行中华人民共和国〈劳动法〉若干问题的意见》，《劳动法》中的"工资"是指用人单位依据国家有关规定或者劳动合同的约定，以货币形式直接支付给劳动者的劳动报酬，一般包括计时工资、计件工资、奖金、津贴和补贴、延长工作时间的工资报酬以及特殊情况下支付的工资等。"工资"是劳动者劳动收入的主要组成部分。

劳动者的以下收入不属于工资范畴：一是单位支付给劳动者个人的社会保险福利费，如丧葬抚恤救济费、生活困难补助费、计划生育补贴等；二是劳动保护方面的费用；三是按照规定未列入工资总额的各种劳动报酬及其他劳动收入。

原劳动和社会保障部《工资支付暂行规定》第十五条和第十八条所称"克扣"或者"无故拖欠"劳动者工资，有其法定标准和特定的含义。《〈工资支付暂行规定〉有关问题的补充规定》（劳部发〔1995〕226号）对其有专门的解释。

所谓"克扣"，是指用人单位无正当理由扣减劳动者应得工资（即在劳动者已经提供了正常劳动的前提下，用人单位按照劳动合同规定的标准应当支付给劳动者的全部劳动报酬）。不包括以下减发工资的情况：①国家的法律、法规中有明确规定的；②依法签订的劳动合同中有明确规定的；③用人单位依法制定的并经职代会批准的厂规、厂纪中有明确规定的；④企业工资总额与经济效益相联系，经济效益下浮时，工资必须下浮的（但支付给劳动者工资不得低于当地的最低工资标准）；⑤因劳动者请事假等相应减发工资，等等。

所谓"无故拖欠"，是指用人单位无正当理由超过规定付薪时间未支付给劳动者工资。不包括以下情况：①用人单位遇到非人力所能抗拒的自然灾害、战争等原因，无法按时支付工资；②用人单位确因经营困难、资金周转受到影响，在征得本单位工会同意后，可暂时逾期支付劳动者工资，延期支付时间的最长限制可由各省、自治区、直辖市劳动和社会保障行政部门根据各地情况确定。其他情况下拖欠工资的行为均为无故拖欠。

四、劳动者拒绝签订劳动合同，用人单位怎么办

李某是某公司职工，2009年7月与该公司签订的劳动合同到期。2009年6月，该公司人力资源部向其发放了一份《续签劳动合同通知书》，表示公司将继续以原劳动合同内容与李某续签3年的劳动合同。李某认为自己已经在该公司工作了3年，没有功劳也有苦劳，距离上一次调薪已经两年，这次续签劳动合同应当提高工资待遇，于是拒绝了公司与他续签劳动合同的要求。2009年12月，李某发现自己的工资没有上调的可能，便向公司提出辞职。离职没有几天，李某便向劳动争议仲裁委员会提出仲裁申请，要求公司向其支付2009年7月至12月之间未签订书面劳动合同的两倍工资。公司认为，没有签订书面劳动合同的原因是因为李某本人拒绝签订，而不是公司不想与他签订，不签订书面劳动合同的责任应当由李某承担，因此，李某提出的公司向其支付两倍工资的赔偿要求没有事实和法律依据。

那么，该公司是否应当承担这一责任呢？

首先，先不论没有签订书面劳动合同的过错到底在谁，先来看看是否可以分情况、分过错来决定两倍工资的支付。《劳动合同法》第八十二条规定，用人单位自用工之日起超过1个月不满1年未与劳动者订立书面劳动合同的，应当向劳动者每月支付两倍的工资。用人单位违反本法规定不与劳动者订立无固定期限劳动合同的，自应当订立无固定期限劳动合同之日起向劳动者每月支付两倍的工资。这一法律规定设置的初衷是为了避免因约定不明而致劳动者在争议中无法主张自己的合法权益。从本规定可以看出，用人单位支付两倍工资仅取决于是否确实存在没有签订书面劳动合同的事实，而并不受不签订书面劳动合同缘起于谁的过错的影响。本案中，虽然拒绝签订书面劳动合同的一方确实是李某，但未续签合同而导致近半年的事实劳动关系存在的过错也归因于用人单位的疏忽，即用人单位

放任不合法状态的存续。所以，该公司应当承担支付两倍工资的惩罚责任。

其次，当劳动者拒绝签订劳动合同时，用人单位也并非只能被动等待支付两倍工资。《中华人民共和国劳动合同法实施条例》（以下简称"《劳动合同法实施条例》"）第五条的规定赋予了用人单位及时采取措施避免损失的权利。即自用工之日起1个月内，经用人单位书面通知后，劳动者不与用人单位订立书面劳动合同的，用人单位应当书面通知劳动者终止劳动关系，无须向劳动者支付经济补偿金，但是应当依法向劳动者支付其实际工作时间的劳动报酬。也就是说，当劳动者拒绝签订劳动合同时，用人单位只能容忍1个月，在1个月内仍然拒绝签订合同的，用人单位应当及时终止双方的劳动关系，不涉及两倍工资和经济补偿金。

五、怎样写好《劳动人事争议仲裁申诉书》

在现实的劳动人事争议案件处理中，许多劳动者常常因为书写的《劳动人事争议仲裁申诉书》的内容不当或不全而导致不能及时进入仲裁程序。一般来说，书写劳动人事争议仲裁申诉书要注意以下几个方面：

第一，应写明申诉人的姓名、民族、性别、年龄、职业、住址和工作单位、联系方式；被申诉人（用人单位）名称、地址，被申诉人法定代表人姓名、职务、联系方式。

第二，要写清仲裁请求及所依据的事实和理由。首先，要写清楚请求事项、争议金额以及争议发生的时间、地点、原因、经过和结果等，并重点写明当事人之间争议的具体内容和焦点，说明被申诉人应当承担的责任。其次，依据法律法规规定分清是非，明确责任，证明自己所提要求的正确性、合法性。争议涉及多项内容的，必须一一列出；否则，遗漏部分劳动人事争议仲裁委员会将不予处理。

第三，列出证据。证据包括书证、物证、证人证言、鉴定结论、勘验笔录等；同时，应当说明证人姓名、住址、联系方式以及物证、书证的来源等。

第四，应在申诉书末尾写明提送的劳动人事争议仲裁委员会的名称、申诉人姓名、申请时间（年、月、日）；同时，写明提交副本份数（按要求应按被申诉人人数提交）以及物证和书证件数。

六、发生劳动争议后劳动者可以向哪些组织申请调解

对劳动者来说，向公正权威的调解组织寻求帮助是劳动争议发生后的首选，这种方式既能够合法维权又能尽可能避免劳动者和用人单位的进一步对立。那么，劳动者可向哪些组织申请调解？调解程序中有哪些注意事项？

依据《中华人民共和国劳动争议调解仲裁法》（以下简称"《劳动争议调解仲裁法》"）第十条规定，发生劳动争议，当事人可以到三类调解组织申请调解：企业劳动争议调解委员会；依法设立的基层人民调解组织；在乡镇、街道设立的具有劳动争议调解职能的组织。

经调解达成协议的，应当制作"调解协议书"。"调解协议书"由双方当事人签名或者盖章，经调解员签名并加盖调解组织印章后生效，对双方当事人具有约束力，一方当事人在协议约定期限内不履行调解协议的，另一方当事人可以依法申请仲裁。因支付拖欠劳动报酬、工伤医疗费、经济补偿或者赔偿金事项达成调解协议，用人单位在协议约定期限内不履行的，劳动者可以持调解协议书依法向人民法院申请支付令。人民法院应当依法发出支付令。

七、没有解除劳动合同证明，劳动者能否要求用人单位支付经济补偿金

关于用人单位未向劳动者出具解除或者终止劳动合同的通知、决定，劳动者是否能向用人单位要求支付解除劳动合同的经济补偿金的问题，讨论由来已久，包括一些具体从事劳动争议处理工作的劳动仲裁员对这个问题也有不同看法。

部分劳动仲裁员认为，如果劳动者在提出劳动争议仲裁申请时，提供不出用人单位解除、终止劳动合同的书面证明，劳动争议仲裁委员会就不应支持劳动者要求用人单位支付经济补偿金的请求。主要理由是，《劳动合同法》第五十条第一款规定，"用人单位应当在解除或者终止劳动合同时出具解除或者终止劳动合同的证明，并在15日内为劳动者办理档案和社会保险关系转移手续"；第八十九条规定，用人单位违反本法规定未向劳动者出具解除或者终止劳动合同的书面证明，由劳动保障行政部门责令改正；给劳动者造成损害的，应当承担赔偿责任。据此，如果劳动者向劳动争议仲裁委员会提出仲裁申请，要求用人单位支付经济补偿金，就应要求用人单位出具这方面的证明。如果用人单位拒不出具，应依法向劳动保障行政部门投诉，由劳动保障行政部门责令其改正。

那么，如果用人单位无论什么理由就是不出具证明，劳动者的权益怎么保护？

在这种情况下，劳动争议仲裁委员会不应过分强调要求劳动者出具解除、终止劳动合同的书面证明，要视具体情况来处理。

第一，如果劳动者提供了其他足够证据证明是用人单位主动或者违法辞退的，对此，用人单位不能提供相反证据予以反驳，或者提供的证据不足以对抗劳动者提供的证据的，劳动争议仲裁委员会应当支持劳动者的请求。

第二，如果劳动者只有本人陈述而没有提供其他相应的证据，证实是用人单位主动或者违法辞退的，在这种情况下，根据举证规则，仍应要求用人单位对此进行举证；如果用人单位口头陈述并未辞退并要求劳动者上班的，一般不宜裁决支持劳动者的经济补偿金请求。

第三，如果劳动者只是提供一些难以使劳动仲裁员采信的证据，而用人单位提供了要求劳动者限期返回上班的证据的，一般不能裁决支持劳动者的主张。

第四，如果劳动者主张是用人单位主动或者违法辞退，用人单位主张劳动者是自动离职，这时，应要求双方分别举证。例如，用人单位是否向劳动者发出了要求返回上班的通知？劳动者能否提供其系何种情况下由何人辞退的旁证？再结合双方在举证过程中的难易程度，做出正确的判断。

第五，用人单位往往在这种情况下，主张劳动者严重违反用人单位规章制度或造成用人单位重大经济损失，在用人单位予以处罚后，劳动者主动不来上班。在此情形下，还应要求用人单位举出相应证据予以佐证，才能做出判断。

总之，在处理这类案件时，应具体情况具体分析，分别对待，否则不但有悖《劳动法》、《劳动合同法》的立法初衷，而且还会造成劳动者无法办理人事档案、社会保险关系的转移手续，给劳动者的再就业造成影响。

八、用人单位解除劳动合同不出具证明需要承担什么责任

《劳动合同法》第五十条规定，"用人单位应当在解除或者终止劳动合同时出具解除或者终止劳动合同的证明，并在15日内为劳动者办理档案和社会保险关系转移手续。劳动者应当按照双方约定，办理工作交接。用人单位依照本法有关规定应当向劳动者支付经济补偿金的，在办结工作交接时支付。用人单位对已经解除或者终止的劳动合同的文本，至少保存两年备查"。

《劳动合同法》第八十九条规定，"用人单位违反本法规定未向劳动者出具解除或者终止劳动合同的书面证明，由劳动行政部门责令改正；给劳动者造成损害的，应当承担赔偿责任"。

《最高人民法院关于审理劳动争议案件适用法律若干问题的解释（二）》第一条第二款规定，"因解除或者终止劳动关系产生的争议，用人单位不能证明劳动者收到解除或者终止劳动关系书面通知时间的，劳动者主张权利之日为劳动争议发生之日"。也就是说，在解除或者终止劳动合同时，用人单位都有出具相应书面证明的义务；否则，用人单位不但要对劳动者权益受到侵害承担赔偿责任，在发生劳动争议时，用人单位还将承担因不能提交已经与劳动者解除或终止劳动合同的书面证据的不利后果。

九、用人单位执行计件工资就不用发加班工资吗

某公司执行的是计件工资制度,劳动者经常每天要延长2～3小时的工作时间才能完成工作任务,更没有按照《劳动法》规定的工作时间和休息休假制度休息过,但公司从没有按照法律规定支付过加班工资。公司的理由是,公司实行的是"计件工资制",职工多劳多得,无须支付加班工资。

《劳动法》第三十六条规定,国家实行劳动者每天工作时间不超过8小时,每周工作时间不超过40小时。第三十八条规定,用人单位应当保证劳动者每周至少要休息1天。第四十一条规定,用人单位根据生产经营需要,经与工会和劳动者协商后可以延长工作时间,要安排职工延长工作时间的,一般每日不得超过1小时,每月加班时间不超过36小时。第四十四条规定,安排劳动者在正常工作日加班的,支付不低于工资的150%的工资报酬;休息日安排劳动者工作又不能安排补休的,支付不低于工资的200%的工资报酬;法定休假日安排劳动者加班应该支付正常劳动时间工资的300%的工资报酬,且不能以安排补休代替加班工资。用人单位可以自定加班工资的计算标准,但必须比法律规定的高。

十、用人单位违反法律规定发包工程导致劳动者伤残的,应当承担连带责任吗

某公司将加工车间承包给马某,由其负责人员管理和生产,公司只负责产品质量和销售。在生产中,工人严某在操作机械时,不慎将左手小指切断。严某治疗好受伤的左手后,就赔偿问题多次找马某及公司协商,但是没有结果。

马某认为,严某受伤的原因是自己不小心造成的,况且自己为其垫付了医疗费,严某再要求赔偿,自己已无力承担。公司则认为,公司将车间承包给马某,严某受伤与自己无关。无奈之下,严某向劳动争议仲裁委员会提出仲裁申请。经审理,劳动争议仲裁委员会认为,公司的发包行为是

违规行为。

原劳动和社会保障部《关于确立劳动关系有关事项的通知》（劳社部发〔2005〕12号）第四条规定，"建筑施工、矿山企业等用人单位将工程或经营权发包给不具备用工主体资格的组织或自然人，对该组织或自然人招用的劳动者，由具备用工主体资格的发包方承担用工主体责任"。

《劳动合同法》第九十四条规定，"个人承包经营违反本法规定招用劳动者，给劳动者造成损害的，发包的组织与个人承包经营者承担连带赔偿责任"。

由此可以看出，某公司虽然将车间外包给马某，但马某不具备用工主体资格，该公司仍然要承担用人单位的责任，该公司与马某应承担连带赔偿责任。

十一、用人单位能否安排哺乳期职工到外地出差

某公司部门经理马某2008年年底休产假，2009年3月份其产假结束后，开始到公司上班。近期公司由于开展了一个新项目，将与第三方公司进行大量的法律谈判并起草相应的法律文书，需要马某到外地分公司出差；但是，马某以自己正处于哺乳期为由不同意公司的安排。在这种情况下，公司是否有权利单方面安排马某出差？如果马某不服从公司的安排，公司能否按照违纪处理？

哺乳期职工是受劳动保障法律法规重点保护的群体，用人单位不仅有解雇保护的限制，也要在工作条件和工作环境方面做出特殊安排。《中华人民共和国妇女权益保护法》第二十五条规定，"任何单位均应根据妇女的特点，依法保护妇女在工作和劳动时的安全和健康，不得安排不适合妇女从事的工作和劳动。妇女在经期、孕期、产期、哺乳期受特殊保护"。而且依据法律的规定，她们享受每天1小时哺乳假的权利。

用人单位如果安排哺乳期内的女职工出差，将直接导致她们与孩子的分离，而这种分离将导致女职工无法享受哺乳假，这与劳动保障法律法规的规定是相互冲突的。因此，如果哺乳期内女职工不同意出差的，用人单位不能单方面硬性安排女职工出差。但是，由于女职工三期的时间比较

长,生理的特点可能导致其不能继续从事原劳动合同中约定的工作岗位,在这样的条件下,用人单位可以根据女职工的技能安排其从事新的工作。但是,从保护女职工的角度出发,用人单位不能降低原来的工资待遇。

十二、工伤认定是否适用"无过错原则"

严某是某厂的车间操作工。一次他在工作中由于未按照操作规程操作,致使右手手指被严重损伤,在治疗过程中他自己垫付了医药费20 000余元。康复后严某要求用人单位报销医药费及支付工伤待遇,用人单位却以"严某系违反操作规程,且给单位造成了一定的经济损失"为由,不但不能给予任何赔偿,还要根据该厂的规章制度予以处罚。严某不服,遂到当地劳动争议仲裁委员会提起仲裁申请,劳动争议仲裁委员会经过审理,裁决支持了他的请求。

工伤保险是国家对因工负伤、致残、死亡而暂时或永久丧失劳动能力的劳动者及其亲属提供物质帮助的一种社会保险制度。工伤保险实行"无责任补偿"原则,又称"无过失补偿"。这是对工伤职工实行保护性的补偿原则,除了《中华人民共和国工伤保险条例》(以下简称"《工伤保险条例》");第十六条规定的"故意犯罪的;醉酒或者吸毒的;自残或者自杀的"不得认定工伤或者视同工伤外,即使职工本人存在一定的过错,仍应按照工伤保险待遇给予补偿。因此,本案中严某只要不是蓄意违章,便可以认定为工伤。

当然,法律法规规定用人单位可以制定内部规章制度,并对劳动者进行管理。严某违反劳动操作规程,违反了用人单位规章制度,也应当按照用人单位的规章制度的规定予以处罚。

十三、职工交通事故获得赔偿后是否还可享受工伤待遇

吴某在某公司担任电气维护工。2009年2月,他在外出购买电器配件的途中发生车祸。公安交警部门做出了责任认定,并对双方当事人进行

了调解，肇事方赔偿吴某医药费、残疾赔偿金、误工费等 18 000 元。之后，吴某向劳动和社会保障行政部门申请工伤认定，被劳动和社会保障行政部门认定为工伤，劳动能力鉴定委员会鉴定其为 10 级伤残。2010 年 3 月，他与用人单位的劳动合同到期终止，吴某要求用人单位支付相应的工伤待遇。用人单位则认为吴某已经获得交通肇事方的赔偿，如果再要求支付其工伤待遇，就等于享受了两份补偿，没有法律依据。用人单位只同意支付低于工伤保险待遇的差额部分。吴某多次与用人单位进行协商未果，于是，他向劳动人事争议仲裁委员会提出仲裁申请。

劳动争议仲裁委员会审理后认为：吴某获得的交通事故赔偿是民事赔偿，依据的是民事法律法规，属于私法范畴；现在吴某要求用人单位支付工伤待遇依据的是劳动保障法律法规，属于社会法范畴，两者不存在冲突，并且现行的国家法律法规对此没有禁止性规定，吴某的请求应当予以支持。用人单位同意支付低于工伤保险待遇的差额部分没有法律依据。但是，吴某因工伤发生的直接费用，如医药费、误工费等已经民事赔偿，在工伤待遇中应予以扣除。

十四、单位承包经营发生工伤是否需要承担连带责任

某公司车间主任于某与公司签订承包协议，承包经营该公司一车间。2010 年 1 月，车间工人柳某在装车时，不慎摔倒，后被送到医院急救，医药费全部由于某承担。伤愈后，柳某要求单位支付相应的工伤待遇。该用人单位则认为，柳某所在车间实行的是承包经营，应由实际的用工方承担工伤责任，拒不支付相关待遇。于是，柳某遂向当地劳动争议仲裁委员会提出仲裁申请。

《劳动合同法》第九十四条规定，"个人承包经营违反本法规定招用劳动者，给劳动者造成损害的，发包的组织与个人承包经营者承担连带赔偿责任"。《工伤保险条例》第四十三条规定，"用人单位实行承包经营的，工伤保险责任由职工劳动关系所在单位承担"。承包经营责任制中其承包指的是经营，而不是社会保险责任。本案中，柳某虽然在承包车间工

作,但是其劳动关系一直在该用人单位公司,用人单位并没有因为承包经营而与柳某解除劳动关系。因此,该用人单位应当与于某承担连带赔偿责任。经劳动争议仲裁委员会多次调解,双方达成协议,柳某拿到了用人单位与于某支付的30 000元的工伤保险待遇。

十五、工亡职工直系亲属达到法定年龄后可否享受抚恤金

何某于2004年3月因工死亡,其父亲在家务农,当时58周岁,因为不满60周岁,因此当年未享受抚恤金。2006年9月,其父年满60周岁,其家人要求享受抚恤金,那么,其父能否享受抚恤金呢?

《工伤保险条例》第三十九条规定,职工因工死亡,其近亲属按照相关规定从工伤保险基金领取丧葬补助金、供养亲属抚恤金和一次性工亡补助金。工亡职工生前供养的直系亲属,符合条件的,有权利依法每月从工伤保险基金中领取一定的抚恤金。但是,对于抚恤金领取的条件我国实行的是严格列举式的条件。

《因工死亡职工供养亲属范围规定》第三条规定,依靠因工死亡职工生前提供主要生活来源的工亡职工父母男年满60周岁、女年满55周岁的可以享受抚恤金。之所以限制在这个年龄,是为了与我国目前的劳动者退休年龄相一致,男年满60周岁、女年满55周岁办理退休手续后就失去了劳动者的身份,应当属于供养范围之列;反言之,若没有达到退休年龄,除非完全丧失劳动能力,否则就不属于供养范围之列。

如果工亡职工的父母未达到法定退休年龄,那么因为其还有劳动能力,则不依靠工亡职工为他们提供主要生活来源,所以,也就不符合领取抚恤金的条件。因此,如果工亡职工父母的年龄在职工工亡时没有达到法定年龄,不符合领取抚恤金的条件,那么在他们达到了法定年龄后,也是没有资格领取抚恤金的。

十六、追讨工伤医疗费是否可以申请先予执行

杨某自入职以来,单位没有为其参加工伤保险社会统筹,也没有依法缴纳工伤保险费。2011年9月,杨某在工作中受伤,单位为其支付了医疗费。2011年11月,杨某因伤情复发,急需住院做二次手术,但因家庭经济困难,遂向用人单位讨要二次医疗费。单位拒绝给付,于是,杨某向劳动人事争议仲裁委员会提出仲裁申请。

劳动人事争议仲裁委员会受理后,依法组成仲裁庭进行了审理。根据《劳动争议调解仲裁法》第四十四条"仲裁庭对追索劳动报酬、工伤医疗费、经济补偿或者赔偿金的案件,根据当事人的申请,可以裁决先予执行,移送人民法院执行。仲裁庭裁决先予执行的,应当符合下列条件:(一)当事人之间权利义务关系明确;(二)不先予执行将严重影响申诉人的生活。劳动者申请先予执行的,可以不提供担保"的规定,及时做出裁决,支持了杨某的仲裁请求。

在《劳动争议调解仲裁法》施行前,如果遇到类似的工伤案件,劳动者往往要先等到工伤认定结论和劳动能力鉴定结果出来,确定伤残等级后才能进入劳动人事争议仲裁程序,并可能要经过一审、二审判决。《劳动争议调解仲裁法》的这条规定,真正使劳动者维权走上了快车道。

十七、什么情形下用人单位应当向劳动者支付经济补偿金

根据《劳动合同法》第四十六条的规定,有下列情形之一的,用人单位应当向劳动者支付经济补偿金:

(1) 因用人单位违法、违约,劳动者依照《劳动合同法》第三十八条规定解除劳动合同的。在这种情形下劳动者解除劳动合同,原因是用人单位存在违反工资支付、社会保险等方面的法律法规规定的行为,损害了劳动者的合法权益。在这种情形下劳动者提出解除劳动合同的,用人单位必须支付经济补偿金。

(2) 用人单位按照《劳动合同法》第三十六条规定向劳动者提出解除劳动合同并与劳动者协商一致解除劳动合同的。这种情形必须是由用人单位提出与劳动者解除劳动合同，用人单位才会向劳动者支付经济补偿金。

(3) 用人单位按照《劳动合同法》第四十条规定解除劳动合同的。

(4) 用人单位按照《劳动合同法》第四十一条第一款规定解除劳动合同的。

(5) 除用人单位维持或者提高劳动合同约定条件续订劳动合同，劳动者不同意续订的情形外，依照《劳动合同法》第四十四条第（一）项规定终止固定期限劳动合同的。

(6) 依照《劳动合同法》第四十四条第（四）项、第（五）项规定终止劳动合同的。

(7) 法律、行政法规规定的其他情形。

十八、劳动者拒绝调动能否作为用人单位解聘的理由

范某于2006年8月被某公司招用，2009年8月，公司突然通知她从2009年10月起调到某分部上班，范某以孩子小为由予以拒绝，公司遂以其不服从调动安排为由将其解聘。范某不服，到当地劳动争议仲裁委员会提出仲裁申请，请求依法撤销该公司解除劳动合同的决定或者一次性支付其7个月的工资作为经济补偿金。

劳动争议仲裁委员会审理后认为，依据《劳动法》第十七条规定，"订立和变更劳动合同，应当遵循平等自愿、协商一致的原则，不得违反法律、行政法规的规定"。《劳动合同法》第三十五条规定，"用人单位与劳动者协商一致，可以变更劳动合同约定的内容。变更劳动合同，应当采用书面形式。变更后的劳动合同文本由用人单位和劳动者各执一份"。也就是说，变更劳动合同应当经用人单位和劳动者双方协商一致，而不能用"发通知"、"下命令"等方式单方面做出决定。范某拒绝到该公司分部工作，不能成为用人单位随意辞退的理由，用人单位如果与职工解除劳动合

同，必须以书面形式提前30天通知本人，如果职工无异议，用人单位还应支付经济补偿金。劳动争议仲裁委员会经多次调解无效，于是做出了该公司一次性支付给范某7个月的工资作为经济补偿金的仲裁裁决。

十九、1～4级工伤劳动者是否还要继续缴纳养老保险费

关于1～4级工伤职工养老保险缴费问题，现行的《工伤保险条例》在政策上没有明确规定。但是，《工伤保险条例》规定了1～4级工伤职工达到退休年龄后，应办理退休手续，享受基本养老保险待遇。这个规定引申出一些问题，例如：1～4级工伤职工继续缴纳养老保险费是否具有强制性？没有参加过养老保险的职工达到法定退休年龄时应当如何享受养老保险待遇？养老保险费缴纳累计没有达到15年，其养老保险待遇在一次性领取后，是否还需要继续按照标准支付伤残津贴？

由于法律法规没有明确规定，导致实践中对1～4级工伤职工养老保险费的缴纳以及各地制定的地方性规定截然不同：

其一，强制要求用人单位继续缴纳，因工伤中断的缴费年限要求补缴。如某地规定，由用人单位和工伤职工以伤残津贴为基数缴纳养老保险费直至退休年龄。

其二，要求用人单位继续缴纳，因工伤中断的缴费年限视同缴费年限。如某地规定，2004年1月1日以后被鉴定为1～4级伤残的工伤职工在劳动关系续存期间，未继续参保缴费的，应从2008年1月1日起继续按规定参保缴费；退出工作岗位至2007年12月期间可以视同养老保险缴费年限，但不补记养老保险个人账户。

其三，不要求继续缴纳养老保险费。

其四，不要求继续缴纳养老保险费，对于达到退休年龄如何继续享受待遇区分是否已经参加基本养老保险。如某地规定，已经参加过养老保险且符合领取养老保险金条件的，按照《工伤保险条例》的规定执行；不符合领取条件的，一次性返还给个人缴费部分，继续领取伤残津贴；没有参加基本养老保险的，达到法定退休年龄时，继续享受工伤保险待遇。

关于1～4级工伤职工是否继续缴纳养老保险费问题，地方立法分为两种，要求继续缴纳和不要求继续缴纳。在要求继续缴纳的规定下，对于因1～4级工伤中断的缴费年限又分为视同缴费年限和要求补缴不同规定。由此可见，地区性的差异，导致了各地1～4级工伤职工达到退休年龄时其享受的待遇差异性比较大。而且，由于没有统一的规定，用人单位破产、注销时，1～4级工伤职工的待遇如何一次性安置，也存在不明确性。

《工伤保险条例》本身没有规定用人单位缴纳养老保险费的义务，由用人单位补缴没有法律依据；对于用人单位破产、注销等法人主体消失的情形，应当立法规定养老保险费的强制性提取规定，以保护1～4级工伤职工的权益。

二十、什么是代通知金

在劳动关系中，"代通知金"是一个重要的概念。《劳动合同法》及《劳动合同法实施条例》赋予了用人单位解除劳动合同的权利，只有符合《劳动合同法》第四十条规定的三种情形时，用人单位才有必要用"代通知金"替代"提前30日以书面形式通知劳动者本人"的义务，其他情形下是无须履行该项义务的。

《劳动合同法实施条例》第二十条对"代通知金"的数额做了制度性规定，即"额外支付的工资应当按照劳动者上一个月的工资标准确定"。但是，因为工资标准尚有基本工资、应得工资、实得工资、约定工资等多个概念，况且，在实践中还存在劳动者各种原因未提供正常劳动或者加班加点以及奖金福利多种因素，它的数额如何确定呢？多数人认为"代通知金"与支付加班加点工资的计算基数应当是一致的。

支付加班加点工资的计算基数目前各地也有不同的规定，有的按档案工资，有的按劳动合同约定工资的比例，还有的按缴纳社会保险费的基数等各不相同。

二十一、用人单位注销应当如何处理与劳动者的劳动关系

某公司是一家公司的子公司,经营和代理其母公司研发和生产的产品。该公司经营状况一直不佳,且成本居高不下,出于经营发展需要,母公司计划将该子公司提前解散,尚未终结的业务划转至另一家独立子公司。但是对于该子公司的人员安置问题,母公司管理人员却不知从何处入手——是随业务一并由独立子公司接管,该公司支付异地工作成本,还是提前终止劳动关系?另外,到底是遵循《劳动合同法》第四十条第三款的规定解除劳动合同,还是按照其四十四条的条件终止劳动合同?如果劳动者不同意,母公司是否必须安置该子公司的劳动者?

分析用人单位注销对劳动关系的影响,我们首先要了解注销可以造成用人单位主体怎样的变化。《中华人民共和国公司登记管理条例》(以下简称"《公司登记管理条例》")第三十八条规定,经公司登记机关核准注销登记,公司终止。企业法人被依法注销后,其法人资格与经营资格即告终止,公司也因此丧失了用工主体资格。劳动关系因一方失去主体资格而无法继续存续。因此,该子公司在申请注销时应依法终止与劳动者的劳动合同,并根据《劳动合同法》第四十六条的规定支付劳动者经济补偿金。

从法律角度而言,独立子公司是独立于母公司的法人实体,对被依法注销的子公司原劳动者是否予以接收或安置,仅仅是该公司的自愿行为,法律并无强制性规定。但是,如果从管理角度来看,该子公司将未终结的业务转至独立子公司,原子公司劳动者势必具有熟悉业务、对口明晰的优势,因此,完全将这部分劳动者拒之门外不利于之后业务的开展,或多或少会造成人员培训成本的再投入。因此,可以考虑适当保留、划转一部分与业务密切相关的人员。

对被独立子公司接受的部分劳动者,又该如何处理他们的劳动关系呢?《劳动合同法实施条例》第十条规定,劳动者非因本人原因从原用人单位被安排到新用人单位工作的,劳动者在原用人单位的工作年限合并计算为新用人单位的工作年限。

二十二、会议纪要是否等同于劳动合同

2008年7月,在某公司的一次会议上,董事会议一致通过聘用文某担任公司的总经理一职,任职时间为5年,年薪60万元,享有公司给予的一系列的福利待遇。文某以列席人员的身份参加了会议,并与其他董事一同在会议纪要上签字确认。会后,文某就收到了该公司的聘任书。走马上任后,文某雷厉风行的风格确实给公司带来一些起色,但遗留问题依然没有得到彻底解决。公司又为文某配备了一位副总经理和一位运营总监协助文某工作并分管不同的业务。文某的权力与所管辖的事务逐渐被分解,两位副手的工作又颇为董事会认可,文某深感公司对他越来越不信任,便于2010年3月向公司提出辞职,并要求公司向他支付未签订书面劳动合同的双倍工资及解除劳动合同的经济补偿金。

公司认为,文某是公司的高级管理人员,聘用手续与其他职工不同,况且在董事会中对文某的职位、服务期限、薪酬都非常明确,其本人也在相关会议纪要上签字确认,会后文某也收到了书面的聘任书,并依据约定履行了自己的工作职责,因此,会议纪要就是公司与文某之间所签订的书面劳动合同,公司不应向其支付双倍工资,文某自己主动提出辞职,公司更不应支付其经济补偿金。

那么,签字确认的会议纪要是否具有劳动合同的效力?

第一,《中华人民共和国公司法》(以下简称"《公司法》")第四十七条规定,董事会的职责包括决定聘任或者解聘公司副经理、财务负责人及其报酬事项。因此,董事会对文某的聘任属于公司行为,代表公司做出的决定,该聘任合法有效,具有法律效力。

第二,原劳动保障部《关于确立劳动关系有关事项的通知》中规定,符合以下几个要素的劳动关系成立:用人单位和劳动者符合法律、法规规定的主体资格;用人单位依法制定的各项劳动规章制度适用于劳动者,劳动者受用人单位的劳动管理制度制约,从事用人单位安排的有报酬的劳动;劳动者提供的劳动是用人单位业务的组成部分。因此,无论是否签订劳动合同,文某与该公司都具有事实劳动关系,这一点是可以肯定的,毋

庸置疑。

第三，《劳动合同法》第十六条规定，劳动合同由用人单位与劳动者协商一致，并经用人单位与劳动者在劳动合同文本上签字或者盖章生效。第十七条规定了劳动合同应当具备的条款。从形式上看，无论是董事会会议纪要，还是公司的聘任书都是由该公司单方面做出，不具备协商一致且各执一份的协议形式。从内容上看，会议纪要虽然记载了公司名称、文某的姓名、服务期限、职位与工资薪酬等内容，但较之劳动合同欠缺尚多，连必备条款都不完备，更谈不上其是否等同于劳动合同。

第四，《劳动合同法》第八十二条规定，用人单位自用工之日起超过一个月不满一年未与劳动者订立书面劳动合同的，应当向劳动者每月支付双倍的工资。用人单位违反本法规定不与劳动者订立无固定期限劳动合同的，自应当订立无固定期限劳动合同之日起向劳动者每月支付双倍的工资。因此，公司应对未签订书面劳动合同的行为承担不利的法律后果。

可见，会议纪要并不等同于劳动合同，二者有本质的区别。

二十三、法律法规对停工留薪期是怎样规定的

连某于2007年4月被某公司招聘，双方签订了为期3年的劳动合同。2007年11月20日晚，他在下班途中被机动车撞伤，之后进行了治疗，并向劳动和社会保障行政部门申请工伤认定。2007年12月22日被劳动和社会保障行政部门认定为工伤，因治疗未终结，至今没有进行伤残等级鉴定。在治疗期间，该公司既未向其支付停工留薪期间的工资待遇，也没有为其续缴社会保险费。为此双方发生了争议。于是，连某于2009年5月向劳动争议仲裁委会提出仲裁申请，要求公司为其缴纳2007年11月至今的社会保险费，并支付2007年11月至今的工资待遇。

劳动争议仲裁委员会审理后认为，《工伤保险条例》第三十三条规定，"职工因工作遭受事故伤害或者患职业病需要暂停工作接受工伤医疗的，在停工留薪期内，原工资福利待遇不变，由所在单位按月支付。停工留薪期一般不超过12个月。伤情严重或者情况特殊，经劳动能力鉴定委员会确认，可以适当延长，但延长期不得超过12个月。工伤职工评定伤

残等级后,停发原待遇,按照本章的有关规定享受伤残待遇"。连某停工留薪期满后,并没有向劳动能力鉴定委员会申请鉴定其伤残等级,因此,劳动争议仲裁委员会做出如下裁决:该用人单位为连某补缴2007年11月20日至2008年11月20日的社会保险费,并支付其2007年11月20日至2008年11月20日的工资。当然,如果连某想继续享受工伤医疗待遇,可向当地劳动能力鉴定委员会申请鉴定其伤残等级。

二十四、公司筹备期间的工作时间是否应当计入劳动合同期限

2007年9月,王某加入某公司筹备组,参加公司的筹备工作。2008年6月,该公司注册成立。2008年7月,王某正式入职该公司,与公司签订了劳动合同,约定王某的工作岗位为销售总监。2009年3月,王某与该公司因奖金分配方案发生严重分歧,公司以王某不服从公司管理为由决定与其解除劳动合同。王某不服,向劳动争议仲裁委员会提出仲裁申请,要求公司向其支付2007年9月至2009年3月期间的经济补偿金、违法解除劳动合同的赔偿金,以及未提前1个月通知其解除劳动合同的代通知金。

王某申诉的理由是:2007年9月虽然该公司还没有成立,也没有与其签订书面劳动合同,但是她已经开始在为该公司提供劳动,工资都是从该公司的资金中列支的,所以,从2007年9月起她就与公司形成了事实劳动关系。作为公司的管理层,自己有权对公司管理方式提出意见和建议,公司以此为由解除劳动合同,显然违反了法律法规规定,应当对其违法解除劳动合同的行为支付经济补偿金、赔偿金及代通知金。

公司则认为:从2008年6月公司正式注册成立,公司才具有法律意义上的用工主体资格,如果应当支付经济补偿金,也应该从2008年6月起计算王某的工作期限;况且,公司解除与王某的劳动合同是基于王某的违纪行为,有理有据。因此,公司无须向王某支付经济补偿金、赔偿金以及代通知金。

首先,从《劳动法》与《劳动合同法》规定的劳动关系主体来看,

筹备中的公司因不具有用工主体资格而不能与劳动者建立劳动关系。但是，《公司法》规定，筹备中的公司的责任应由负责其筹备的发起人承担，公司一旦成立，发起人在筹备过程中的行为即被追认为公司的行为。由此可见，筹备中的公司不是用人单位，发起人才是承担用人主体的责任。发起人可以以个人的名义雇用劳动者并形成雇佣关系，当公司正式注册成立时，发起人雇用劳动者的行为也就被视为公司雇用劳动者的行为，雇员成为公司的职工；反之，如果公司未能设立成立，发起人应对雇用的劳动者承担用工责任。本案中，王某参与了公司的筹备工作，该公司的发起人应对筹备期间的雇用权利义务承担相应责任。公司正式注册成立后，王某的劳动关系转由公司继承，其工资、经济补偿金等均应由公司承担，公司筹备期间的服务期限自然也应当计入经济补偿金的计算期限。

其次，王某的行为是否构成严重违纪，需要看公司制定的劳动规章制度。如果劳动规章制度中对这类违纪行为的类型和程度有明确的规定，且劳动规章制度的内容和制定程序合法有效，公司可以按照管理自主权对劳动者做出处理，且依据《劳动合同法》第三十九条与第四十六条的规定，无须向王某支付经济补偿金、赔偿金和代通知金。如果依据不足或依据不合法，公司将对解除王某劳动合同的行为承担"违法解除劳动合同"的不利后果，应当按照法律法规的规定支付赔偿金。

二十五、没有达到伤残评级标准的工伤职工治疗期满后能否解除劳动合同

某单位职工贾某在工作中受伤，并最终被劳动和社会保障行政部门认定为工伤。2011年3月，贾某治疗结束，并回到单位上班。后经劳动能力鉴定委员会鉴定，贾某的工伤不影响其劳动能力，也达不到伤残等级标准。贾某上班后，工作积极性大不如以前，工作过程中失误频繁，在正常的季度考核中被评定为不胜任工作，经过单位组织的培训学习和考核后，仍然不能胜任工作。于是单位以经过培训其仍然不能胜任工作为由解除了与他的劳动合同。

对于工伤职工，《劳动合同法》对其有解雇保护的规定，但并不是所

有的工伤职工都受解雇保护。依据《劳动合同法》第四十二条第二款规定，在本单位患职业病或者因工负伤并被确认丧失或者部分丧失劳动能力的职工，用人单位不得以提前30天通知的方式或支付代通知金的方式解除劳动合同。即受雇保护的工伤职工必须属于"职业病患者或被确认丧失或部分丧失劳动能力"。

依据《工伤保险条例》第三十五条、第三十六条、第三十七条的规定，工伤伤残等级被界定为10级3个层次，1～4级工伤，被认定为完全丧失劳动能力；5～6级工伤，被认定为大部分丧失劳动能力；7～10级工伤，被认定为部分丧失劳动能力。贾某一不属于职业病患者，二没有达到伤残评级的标准，且工伤并不影响其劳动能力，因此，不属于工伤职工解雇保护范围。在其不能胜任本职工作的前提下，单位对其进行培训后仍然不能胜任工作，那么，单位可以单方解除与其签订的劳动合同，但是需要提前30天通知，并依法支付解除劳动合同的经济补偿金。

工伤职工劳动合同解除或者终止的，用人单位应当依法向其支付一次性工伤医疗补助金和伤残就业补助金。但是，支付的前提也是工伤职工能够达到伤残等级的标准，否则劳动合同解除或终止无须支付一次性工伤医疗补助金和伤残就业补助金。

二十六、用人单位如何有效控制加班

张某是一家用人单位的劳资员。该用人单位规模不大，成立仅3年时间，最让他头痛的是单位职工的考勤问题。对于用人单位而言，正常加班属于正常事项，单位也愿意严格按照国家法律法规规定向劳动者支付加班费。可是经常有劳动者将本来可以在正常工作时间内完成的工作故意拖延至下班时间完成，或者干脆就在加班单上做手脚，骗取加班费。再加上单位位于郊区，一些职工加班后吃住都在单位，加班时间也因此变为从下午下班至次日上班整整15小时。用人单位每月支付给劳动者的加班费越来越多，张某很伤脑筋，要怎么做才能让单位的加班成本降下来？

首先，《劳动法》第四十四条规定，平时超出工作时间的加点工作和法定节假日的加班工作应当按照加班时间支付加班费，但是休息日加班的，用人单位优先给予调休，不能安排调休的应当支付加班费。

其次，用人单位应当通过内部规章制度，明确"加班"的概念。加班通常可以分为两种，一种为用人单位指定加班，一种为职工自觉加班。对于用人单位指定加班，内部规章制度应对可以加班的情形和加班的审批手续进行规定，只有符合加班条件并经相应负责人批准的加班才可以认定为加班，作为计算加班工资的依据。职工因自己原因未在工作时间内完成工作任务，下班后主动做完工作；或到下班时间后未离开工作岗位，做自己的事情；或未受用人单位的安排主动多劳动等类似情况，不属于用人单位指定加班的情形，且未经用人单位批准，因此不属于法律意义上的加班。

再次，加班可以由用人单位安排，也可以由职工提出申请。实行自动化办公或其他无纸化办公系统的，可以要求职工在系统中提出加班申请，由部门负责人做出审批，并提交单位人力资源部门备案后方可认定为加班。此类管理方法不易伪造，便于统计和记录。如果加班采用纸质申请表格，则应当由部门负责人审批后直接交由人力资源部门备案。同时，审批与备案程序必不可少，以此为加班程序限制，同时避免任意加班和消极怠工的可能。

最后，经劳动保障行政部门批准执行不定时工作制和综合计算工时工作制的岗位可以不支付加班费，对特殊岗位的特殊工作者可以通过申报特殊工时制的途径降低加班成本。

二十七、工亡职工家属领取抚恤金后能否享受供养亲属抚恤金

齐某生前是某公司职工，2010年4月上班时突发疾病死亡，被劳动保障行政部门认定为工亡。他父亲原在一家事业单位工作，2008年因病死亡，齐某的母亲作为其父亲的直系亲属得到了"抚恤金"，其母现年80岁，早已无劳动能力。2011年6月，齐某所在单位拒绝支付齐某的供养亲属抚恤金，齐某的母亲向劳动争议仲裁委员会提出仲裁申请。

劳动争议仲裁委员会审理后认为，《工伤保险条例》第三十九条规

定，职工因工死亡，其供养亲属抚恤金按照职工本人工资的一定比例发给由因工死亡职工生前提供主要生活来源、无劳动能力的亲属；标准为配偶每月40%，其他亲属每人每月30%，孤寡老人或者孤儿每人每月在上述标准的基础上增加10%。根据《因工死亡职工供养亲属范围规定》的规定，因工死亡职工的母亲享受供养亲属抚恤金，必须同时具备两个条件，一是工亡职工生前提供其主要生活来源；二是完全丧失劳动能力，或年满55周岁的。

本案中，齐某的母亲现年80岁，早已无劳动能力，关键在于是否由齐某提供其主要生活来源。经庭审查明，齐某的父亲去世的时候，齐某的母亲虽然已经享受了供养亲属抚恤金，但是齐某的母亲领取的"抚恤金"只相当于本人几个月工资的"救济费"，故应认定其没有其他生活来源，主要靠齐某提供。因此，劳动争议仲裁委员会依法做出裁决：用人单位应当支付齐某的母亲供养亲属抚恤金。

二十八、劳动者拒缴社会保险费，用人单位面临哪些风险

2008年8月，某公司招聘了骆某，并与其签订了为期3年的劳动合同。根据公司的规章制度，劳动者应当在入职当月办理社会保险参保登记和缴纳社会保险费的手续。但是骆某几次向用人单位提出，自己是外地人，如果缴纳社会保险费后自己在用人单位所在地享受不到退休待遇，公司和自己却都要付出更大的成本，与其如此，单位和自己不如不缴纳社会保险费。公司同意了骆某的提议，但为了以防万一，公司与骆某签订了一份协议。双方在协议中约定，经双方协商一致，公司不再为骆某缴纳社会保险费，如果发生不利后果，责任由骆某自行承担。协议在手，公司仍旧不放心，公司与骆某约定不缴纳社会保险费是否真的就没有法律风险？

首先，《社会保险费征缴暂行条例》第四条规定，缴费单位、缴费个人应当按时足额缴纳社会保险费。征缴的社会保险费纳入社会保险基金，专款专用，任何单位和个人不得挪用。可见，社会保险费是由社会、用人单位、劳动者三方共同负担的一项社会保障制度，用人单位和劳动者作为

社会中的一员,既是享有权利的权利人,又是履行义务的责任人。因此,对待缴纳社会保险费问题,用人单位和劳动者都有义务按照法律法规规定履行相应责任,不能通过协议等方式予以免除。本案中,骆某"同意公司不履行缴纳社会保险费义务"的行为不具有法律效力。

其次,依法参加社会保险,按时足额缴纳社会保险费是法定义务,逃避履行必然会存在一定的法律风险。虽然是用人单位非本意或经协商未缴纳社会保险费,但当劳动保障行政部门稽核检查时,用人单位仍有义务按照法定标准补缴社会保险费,对于部分执行社会保险费补缴滞纳金处罚的地方,用人单位逾期未补缴还将面临多于社会保险费正常成本的滞纳金处罚。

再次,根据《劳动合同法》第三十八条和第四十六条的规定,用人单位未依法为劳动者缴纳社会保险费的,劳动者可以提出辞职;同时,用人单位还须为其支付解除劳动合同的经济补偿金。因此,一旦双方发生争议或者劳动者离职,就容易抓住用人单位的这些错误,从而产生对用人单位不利的后果。

最后,缴纳社会保险费后,如果劳动者发生医疗、工伤和生育费用时,根据法律法规和国家政策规定,可以通过社会保险基金予以报销并享受相应的待遇。但是如果未参加社会保险,未缴纳社会保险费,这些费用都需要由用人单位全部承担。尤其是出现工伤事故后,用人单位需要承担的赔付费用不小,用人单位一旦背负如此重担,将会造成很大损失。

因此,用人单位不能因小利而忽视未参加社会保险和未缴纳社会保险费所带来的后果。只有用人单位把对劳动者该尽的义务做好做全,才能真正降低风险,防止损害,保护自身的合法权益。

二十九、劳动者迟到,用人单位可否做出罚款处理

某公司处于成立初期,职工的平均年龄很小,上班迟到的问题一直让单位经理头疼。考虑再三,经理决定先从周一抓起,每周一迟到者罚款100元,并从当月工资中扣除;周二到周五迟到30分钟以上者,自觉向

部门的活动基金中上交50元。这一规定通过公司文件的形式向大家公布，并由人力资源部门负责执行和监督。但是，人力资源部门认为此举在操作中会有很大风险，如果职工不同意扣除工资，也不愿意上交活动经费，公司应该怎么办？用人单位是否具有对职工罚款的权力？除了罚款，用人单位还能采取什么手段对劳动者进行管理？

原劳动部《企业职工奖惩条例》第十一条规定，"对于有下列行为之一的职工，经批评教育不改的，应当分别情况给予行政处分或者经济处罚：（一）违反劳动纪律，经常迟到、早退、旷工、消极怠工，没有完成生产任务或者工作任务的"。但是，国务院令第516号已将《企业职工奖惩条例》废止，并以《劳动法》、《劳动合同法》代替。现在用人单位行使处罚权的依据不复存在，如果沿用罚款这一处罚方式，将会有因克扣工资发生争议而导致劳动争议仲裁、诉讼或必须支付经济补偿金的风险。因此，本案中的用人单位运用罚款作为考勤管理的处罚方式，缺乏法律依据。况且该公司在做出处罚规定时，还履行了制定规章制度的法定程序，这样的"行为"是不能作为处罚职工的有效依据的。

不过，用人单位也不能无视劳动者的这种大错不犯、小错不断的行为。针对考勤问题，用人单位可以通过调整工资结构，设置全勤奖的薪酬项目来进行有效管理。当月考勤记录满勤的情况下，劳动者享受全勤奖；当月出现迟到、早退、旷工，甚至事假的情况时，用人单位有权扣除劳动者当月的全部或者部分全勤奖。同时，可以根据劳动者一定期限内迟到、早退、旷工的次数与时间设置等级不同的违纪处罚措施。

对于违纪行为，包括违反考勤规定的行为，除了在处分政策上进行约束外，还可以通过绩效考核的形式管理。将考勤、行为准则、规范等作为考核的标准，在整体考核中占有一定权重，以考核结果来决定职工的晋升、调薪、奖励，在操作手法上易于让职工接受，也使用人单位管理更趋于成熟和完善。

三十、用人单位注销，劳动者权益能否得到维护

江某于2008年2月28日到某用人单位工作，双方没有签订书面劳动

合同。2008年7月23日,江某在向用人单位讨要工资时遭到拒绝后,用人单位将他辞退。江某向劳动争议仲裁委员会提出仲裁申请,请求劳动争议仲裁委员依法裁决该用人单位支付2008年3月至5月的提成款,支付6月和7月的工资以及解除劳动关系的经济补偿金,支付2008年2月28日至7月23日未签订书面劳动合同的双倍工资。劳动争议仲裁委员会在审理中,用人单位未做出答辩。经审理查明,该用人单位已经于2007年10月12日被工商行政管理部门吊销了营业执照。劳动争议仲裁委员会认为,支付劳动者的劳动报酬是用人单位应尽的基本义务,但是该义务建立在用人单位正常经营的基础上。本案中,用人单位在营业执照吊销后,虽然作为法律意义上的社会实体继续存在,但已经丧失了从事经营活动的权力,这必然导致履行基本义务已无能力。本案中,用人单位自被吊销营业执照起,已经丧失支付劳动报酬的基本义务能力,劳动争议仲裁委员会对江某的各项请求难以支持。因此驳回了江某的仲裁请求。

以案例可以看出,虽然劳动者在有效期限内提出了仲裁申请,请求也很合理,证据也很充分,但却因为用人单位已经注销而失去了讨回劳动报酬的最好机会。虽然劳动者还可以通过其他主管部门或者渠道进行维权,但其维权之路可能将因此增加许多波折和困难。

三十一、无固定期限劳动合同是否等同于终身合同

徐某是某公司的职工,入职以来,双方签订了为期三年的劳动合同,合同期满后又续签了两次3年期限的劳动合同。2007年3月,徐某发现自己怀孕已经两个多月,便及时向公司进行了报告。2007年11月,徐某产下一名男婴,由于身体状况较差,需要休息调理,医生建议其休息。徐某向公司提出请假一年的要求,并希望保留劳动关系,可以不发工资,社会保险费用人单位缴纳部分先由公司垫付,待其恢复工作后再从她的工资中扣除。用人单位同意了徐某的请求,并与她签订了《哺乳期停薪留职协议》。2008年4月,徐某收到了用人单位的通知,称将双方的劳动合同顺延至哺乳期结束,届时劳动合同自行终止。2007年5月,徐某向劳动

争议仲裁委员会提出仲裁申请，要求与用人单位签订无固定期限劳动合同。用人单位则认为，徐某的劳动合同本应是在2007年5月即将终止，顺延至哺乳期结束是基于其处于"三期"的特殊阶段，因此，徐某并不符合签订无固定期限劳动合同的条件。到底谁能够得到法律的支持呢？

第一，《劳动合同法》第四十二条、第四十五条规定，女职工处于孕期、产期、哺乳期期间，用人单位不能无过失性解除与劳动者的劳动合同，即使合同到期，用人单位也不得终止劳动合同，必须顺延至"三期"结束后方可终止劳动合同。案例中，徐某与用人单位经过连续三次签订劳动合同后，合同期限本应至2007年5月止，此时徐某尚处于孕期，劳动合同期限应当顺延至其哺乳期满。因此，"三期"应该算入劳动合同期限。

第二，《劳动合同法》第十四条规定，用人单位与劳动者协商一致，可以订立无固定期限劳动合同。劳动者在该用人单位连续工作满10年的，劳动者提出或者同意续订、订立劳动合同的，除劳动者提出订立固定期限劳动合同外，应当订立无固定期限劳动合同。《劳动合同法实施条例》第十一条规定，除劳动者与用人单位协商一致的情形外，劳动者依照《劳动合同法》第十四条第二款的规定，提出订立无固定期限劳动合同的，用人单位应当与其订立无固定期限劳动合同。因此，当具备应当签订劳动合同的条件时，是否订立无固定期限劳动合同的主动权在于劳动者，而不能如本案中所述情况。

事实上，无固定期限劳动合同不是用人单位的"终身包袱"，更不是"洪水猛兽"，管理与利用得当，这种合同类型可以加强劳动者对用人单位的归属感与认同感。因此，对于徐某这样对企业有所帮助，愿意与企业长期合作的劳动者，可以考虑给予其长期效力的机会，为用人单位树立良好的企业形象并营造健康的企业文化。

三十二、单位开会时劳动者聊天能否成为解雇的理由

朱某是某公司的管理人员，双方签订了3年期限的劳动合同，该劳动

合同已经履行了两年零三个月。某日单位召开全体职工大会，经理讲话时，发现朱某与另一位职工一直窃窃私语。经理大为恼火，会议刚一结束，马上要求人力资源部门解除与朱某的劳动合同。这个突然决定让人力资源部门经理十分为难，经理的命令不能不执行，但公司的规章制度中并没有规定劳动者在开会时聊天属于严重的违纪行为。如果根据法律法规规定依法支付两个半月工资作为经济补偿金，是否就可以解除与朱某的劳动合同？

《劳动合同法》实施之后，用人单位对以往"无理由解除"劳动合同的使用频率大大降低，多数用人单位单方面解除劳动合同均按照法定理由与依据。《劳动合同法》第三十九条规定了用人单位可以解除劳动合同并无须向劳动者支付经济补偿金的六种情形；第三十六条、第四十条规定了用人单位可向劳动者提出解除劳动合同但须支付经济补偿金的几种情形；此外，第四十一条还赋予用人单位法定条件下按照法定程序进行裁员的权力。但是，用人单位除此之外不按照法律法规规定与劳动者解除劳动合同，将会有违法解除劳动合同的风险。本案中，用人单位不论解除劳动合同的理由是否具有合理性，都必须提供"劳动者在开会时聊天的行为构成严重违纪"的依据；否则，用人单位就是违法解除与朱某的劳动合同。

《劳动合同法》第四十八条规定，用人单位违反本法规定解除或者终止劳动合同，劳动者要求继续履行劳动合同的，用人单位应当继续履行；劳动者不要求继续履行劳动合同或者劳动合同已经不能继续履行的，用人单位应当依照本法第八十七条规定支付赔偿金。由此可见，用人单位违法解除劳动合同将可能出现两种结果：第一，当劳动者要求继续履行劳动合同时，用人单位不得解除劳动合同，并有义务与劳动者按照尚未履行完毕的劳动合同继续履行；第二，当劳动者无意愿继续履行劳动合同时，双方解除劳动合同，用人单位应当按照经济补偿金标准的两倍向劳动者支付赔偿金。

综上所述，用人单位享有解除劳动合同的权利，但是这项权利不是任意解除权，用人单位应在法定权限内按照法律法规规定的程序行使权利。

三十三、孕期职工辞职后反悔，劳动合同可以恢复吗

郑某担任某公司的出纳，2009年6月10日，她因个人原因向用人单位提出书面辞职申请，希望于2009年7月9日与用人单位解除劳动合同。用人单位收到郑某的辞职申请后未置可否。郑某遂制作了一份详尽的"交接工作报告"后，于7月9日当天离开了公司。7月12日，郑某去医院看病，查出自己已经怀孕了，便马上赶回公司要求在原岗位继续工作。她认为，法律法规明确规定女职工在怀孕期间，用人单位不能解除劳动合同，更何况从提出解除劳动合同申请至今，用人单位都没有给过任何书面或口头答复，解除劳动合同只是自己的意愿，劳动合同实际并未解除，用人单位理应恢复其工作至"三期"结束。公司则认为她的说法有一些道理，但又觉得郑某这样做只顾自己的利益，于情于理都十分欠妥。那么用人单位是否应当恢复郑某的劳动关系并为她续缴社会保险费呢？

首先，职工提出解除劳动合同的要求，只要履行了提前30天书面通知的义务，期限届满便产生解除劳动合同的法律效力，无论用人单位是否批准。

其次，《劳动合同法》第四十二条对用人单位解除劳动合同的行为做出明确限制，即如果职工处于孕期、产期、哺乳期的，用人单位不能以劳动者的非过错原因解除劳动合同。同时，也不能对此类劳动者采取经济性裁员而解除劳动合同。《劳动合同法》第四十五条也规定，劳动合同期满，有本法第四十二条规定情形之一的，劳动合同应当续延至相应的情形消失时终止。

但是，解除劳动合同除了《劳动合同法》第四十条的无过失性解除、第四十一条的经济性裁员外，还包括第三十六条规定的用人单位与劳动者协商一致解除劳动合同、第三十七条的劳动者单方面辞职，以及第三十九条因劳动者存在过错用人单位单方面解除劳动合同，这三类情况被排除在上述第四十二条的规定之外。因此，如果劳动者与用人单位协商解除、劳动者单方面辞职，或者劳动者出现试用期间被证明不符合录用条件；严重

违反用人单位的规章制度；严重失职，营私舞弊，给用人单位造成重大损害；同时与其他用人单位建立了劳动关系，对完成本单位的工作任务造成严重影响，或者经用人单位提出，拒不改正；因特定原因致使劳动合同无效；以及被依法追究刑事责任等任何一种情形，即使劳动者处于孕期、产期、哺乳期之内，双方的劳动合同依旧可以合法解除。

本案中，郑某因个人原因向用人单位提出辞职，并非用人单位主动对其劳动关系做出处理，因此，即使是在职期间发现自己怀孕的，劳动合同也可以自郑某提出辞职申请30天期满后自然解除，公司可以拒绝郑某提出恢复劳动关系的要求。

三十四、用人单位对处于"三期"的女职工能否调整工作岗位

袁某担任某公司的销售经理，在部门内销售业绩一直处于领先。2009年11月，袁某已经怀有三个月身孕，由于身体素质较差，医生建议袁某尽量减轻工作强度。于是，袁某向单位提出申请，希望单位近期尽量不要安排其出差。几天后，袁某收到公司发给其调岗调薪的通知，内容为：因袁某身体不适合履行销售部门经理的岗位职责，公司决定将其调整为销售内管，薪酬由10 000元调整为6 000元。袁某认为公司实质上就是降职降薪，要求恢复她的职位及薪酬水平。公司则认为，袁某的身体状况确实特殊，如果让其继续负责一线工作，不出差肯定不能完成工作指标；但是如果继续安排出差任务，又会对她的身体产生很大影响，调岗是对双方有益的两全选择。

对于确实不适合原工作岗位的孕期女职工，用人单位该如何进行管理呢？

《女职工劳动保护规定》第七条规定，女职工怀孕期间，所在单位不得安排其从事国家规定的第三级体力强度的劳动和孕期禁忌从事的劳动，不得在正常劳动日以外延长劳动时间；对不能胜任原工作的，应当根据医务部门的证明，予以减轻劳动量或者安排其他劳动。怀孕7个月以上的（含7个月）的女职工，一般不得安排其从事夜班劳动；在劳动时间内应

当安排一定的休息时间。袁某的销售工作显然不符合国家规定的第三级体力劳动及其他禁忌性的工作，因此，针对袁某目前的身体状况，公司不能安排其加班，其怀孕7个月时，公司不能安排其从事夜班工作，日常工作期间也需要允许其合理休息。但是，袁某的身体状况是否不能胜任原工作岗位确需要进行调整，还需要有医院的有效证明才能决定。

《劳动合同法》第三十五条规定，用人单位与劳动者协商一致，可以变更劳动合同约定的内容。变更劳动合同，应当采用书面形式。因此，在没有特殊约定的情况下，无论是调整工作岗位还是调整薪酬，都需要经过用人单位和劳动者双方协商一致才能合法有效。

在医院证明和劳动者同意的双前提都不存在的情况下，用人单位仅以通知的形式告知袁某调岗降薪，袁某有权拒绝履行。但是用人单位的想法也不无道理，那么，如何进行管理才能兼顾孕期女职工的健康和用人单位的利益？首先，在单位规章制度或者劳动合同中约定"一岗一薪，薪随岗变"，为调岗调薪设置制度依据；其次，对孕期女职工继续保持日常考核，将每一阶段的考核结果作为依据。当职工的身体状况出现不符合职位要求，或者工作内容确实不符合孕期女职工的健康要求时，由用人单位与孕期职工协商进行调岗调薪，并以健康要求与考核结果作为依据。

三十五、"工龄"计算有哪些误区

在某公司工作的杜某与公司协商一致离职，但是对于什么阶段的工龄能够计算为本单位的工作年限，没有与公司形成一致意见。

杜某1988年参军，服役3年后转业到某公司工作，1996年被诬陷犯有盗窃罪，被人民法院判处有期徒刑3年。由于家属多方申诉，公司领导也觉得事有蹊跷，所以并未将其开除。1998年7月，司法部门确认杜某系错判。1998年8月，杜某返回原单位上班。到2003年，杜某所在公司和某企业合并，成立了新公司。因此，公司认为2003年杜某才到新公司工作，因此计算经济补偿金只能从2003年开始。而杜某则认为，自己属原公司职工，合并之前的工龄也应一并计算，不过自己毕竟坐过监狱，之前的工龄能不能全部认定自己心里也没底。

关于工龄计算，无论是《劳动法》、《违反和解除劳动合同的经济补偿办法》还是《劳动合同法》，都确立了一个原则，即计算经济补偿金只计算劳动者离职时在本单位的工作年限。但是，相关法律法规为了保证公平合理，对于因为某些非劳动者本人意愿的工作变动，也认可了其工龄的连续性。实践中，主要存在以下几种情况：

第一，对于退伍、复员、转业军人的军龄，按照《中华人民共和国兵役法》和《军队转业干部安置暂行办法》（中发〔2001〕3号）以及《关于退伍义务兵安置工作随用人单位改革实行劳动合同制度的意见》（国发〔1993〕54号）的规定，计算为接收安置单位的连续工龄。

第二，对于企业分立、合并之前的工作年限，《对〈关于终止或解除劳动合同计发经济补偿金有关问题的请示〉的复函》（劳办发〔1996〕33号）中第四条明确规定，"因用人单位的合并、兼并、合资、单位改变性质，法人改变名称等原因而改变工作单位的，其改变前的工作时间可以计算为在本单位的工作时间"。

第三，劳动者在关联企业之间工作调动后，原单位的工作年限是否作为计发经济补偿金年限？实践中，常常会出现集团公司在总部与各地子公司之间的人事调动，这种情况实际上是产生了劳动关系的概括转移，这种转移一般包括工龄在内，因此，劳动者在原用人单位的工龄到新用人单位后连续计算。

第四，对于中外合资企业劳动者在原中方单位的工作年限，原劳动部办公厅《关于贯彻〈外商投资企业劳动管理规定〉有关问题的复函》（劳办发〔1995〕163号）规定，"由合资、合作的中方单位安排到合资、合作企业工作的中方职员，其连续工龄按在原单位工作时间和在合资、合作企业工作时间合并计算"。

第五，对于原国有企业的临时工转为劳动合同制职工后，原临时工的工作年限，《关于劳动合同制职工工龄计算问题的复函》（劳社厅函〔2002〕323号）规定，"对按照有关规定招用的临时工，转为企业劳动合同制工人的，其最后一次在本企业从事临时工的工作时间与被招收为劳动合同制工人后的工作时间可合并计算为连续工龄"。也就是说，在企业全员劳动合同制改革之前，在本单位工作的临时工，如果工龄没有中断过，其工作年限应当一并计算。

第六，成建制调动、组织调动等原因而改变工作单位的，原用人单位工作年限是否计算为在本单位的工作时间，需要区别对待。根据《对〈关于终止或解除劳动合同计发经济补偿金有关问题的请示〉的复函》（劳办发〔1996〕33号）规定，对于在行业直属企业间成建制调动或组织调动，由行业主管部门作出规定；对于其他调动，由各省、自治区、直辖市作出规定。但是根据《劳动合同法实施条例》第十条规定，对于这种"非劳动者本人原因"从原单位安排到新的用人单位，劳动者在原用人单位的工作年限合并计算为新单位的工作年限。当然，在类似的企业改制过程中，如果原单位已经向职工支付经济补偿金的，职工被改制改组后的企业重新录用的，在解除劳动合同支付经济补偿金时，职工在改制前单位的工作年限可以不计算为改制后单位的工作年限。

第七，对于劳动者从国家机关、事业单位调入企业工作的，原工作年限是否作为计发经济补偿年限，并没有明确的法律规定。只是在《关于职工在机关事业单位与企业之间流动时社会保险关系处理意见的通知》（劳社部发〔2001〕13号）中规定，"职工由机关事业单位进入企业工作之月起，参加企业职工的基本养老保险，单位和个人按规定缴纳基本养老保险费，建立基本养老保险个人账户，原有的工作年限视同缴费年限，退休时按企业的办法计发基本养老金"。因此，这类劳动者的工龄是否可以连续计算要看各地的地方政策。

第八，对单位筹备期间的工作时间是否作为工龄计发经济补偿金，有观点认为公司筹备期间，公司在法律上并没有获得独立的法人资格，因此不能建立劳动关系，所以这段时间不用计算为工作年限；但是也有观点认为，如果这段时间不予认可，不利于保护劳动者的权益。对此，有的地方就规定，劳动者在用人单位设立筹备阶段的工作时间一般不计算为本单位的工作年限，但是双方另有约定的除外。

至于本案中杜某对自己坐监狱会不会造成工龄"丢失"的疑虑，原劳动部工资局也有明确解释。原劳动部工资局《关于职工被判处徒刑以后又撤销原判或改变了处分，其已"服刑"的时间是否计算工龄问题的复函》（1964年10月18日实施）规定，对于因错判或撤销原判不给处分或改为行政处分（不包括开除）的，其已"服刑"的时间，可以与"服刑"前后的连续工作时间，合并计算为连续工龄；对于改判刑期或改为开除处分的，其服刑或已"服刑"的时间，均不得计算为工龄。因此，杜某计算经济补偿金的工作年限应当从 1988 年开始计算。

三十六、不签订书面劳动合同是否应当支付两倍工资

2010 年 9 月，某公司职工方某经过与用人单位多次协商后，从用人单位拿到了因未签订书面劳动合同而赔付的 3 600 元两倍的工资。

事情的经过是这样的，2009 年 9 月，方某到某公司应聘，双方没有签订书面劳动合同，并口头约定方某每月的工资为 1 400 元。2010 年 2 月 28 日，该公司与其签订了书面劳动合同，合同期至 2010 年 12 月 28 日止。2010 年 8 月 25 日，方某向劳动争议仲裁委员会提出仲裁申请，并提出三项仲裁请求，一是由公司支付其 2009 年 10 月至 2010 年 2 月因未签订书面劳动合同的两倍工资 7 000 元；二是为其缴纳社会保险费；三是支付其 1 个月工资的经济补偿金 1 400 元。2010 年 9 月 29 日，经劳动争议仲裁委员会主持调解，该公司支付了方某的两倍工资 3 600 元。次日，因该公司坚持要辞退方某，经双方再一次协商，该公司又支付方某经济补偿金 1 400 元和其他赔偿金 500 元。

无独有偶。1 年前，方某在某公司工作时，由于与用人单位没有签订书面劳动合同，也获得过两倍工资的赔偿。

2008 年 2 月，方某进入一家公司工作。3 月份，公司要求与所有招用的劳动者签订劳动合同，但是方某拒绝签订。为此，公司曾口头提出解聘他。但方某表示愿意继续干下去。为此，公司当时考虑到一时难以招聘到熟练工，就让方某继续留在公司工作。2008 年 6 月底，方某因病不能适应工作辞职，并向劳动争议仲裁委员会提出仲裁申请，要求公司支付其 2008 年 3 月 18 日至 2008 年 6 月 30 日未签订书面劳动合同的两倍工资 4 644 元的仲裁请求。劳动争议仲裁委员会受理后，通过调查取证认为，在劳动者不愿意签订劳动合同的情况下，用人单位完全可以解除与他的劳

动关系。但事实上,该公司听之任之,仍然聘用他,责任在该公司。经劳动争议仲裁委员会主持调解,最终以该公司支付方某两倍工资 3 800 元而了结。

方某两次获得两倍工资的赔偿,对用人单位来说是一个深刻的教训。为此,劳动保障行政部门提醒用人单位,当劳动者不愿签订劳动合同或者拒绝签订劳动合同时,应多做说服教育工作,更要严格依照法律法规的规定与劳动者签订劳动合同。如果劳动者不愿意或者拒绝签订劳动合同,应尽快解除与其的劳动关系;否则,劳动者申请劳动争议仲裁时,用人单位一定会败诉。

三十七、劳务派遣有哪些"陷阱"

唐某经某劳务派遣公司派遣,于 2009 年 5 月到一家用人单位工作,双方未签订书面劳动合同。2010 年 8 月,该用人单位以唐某工作不称职为由将其辞退。当唐某向该用人单位要求支付未签订书面劳动合同的两倍工资时被拒绝。唐某随即向劳动争议仲裁委员会提出仲裁申请。劳动争议仲裁委员会受理后,经调查发现,该劳务派遣公司实际上是一个没有资金、没有场地、没有经过工商行政管理部门登记,对内对外毫无民事行为能力而私自开张的中介公司。经调解双方没有达成一致,于是,劳动争议仲裁委员会裁决该用人单位依法支付唐某两倍工资的赔偿。

劳务派遣是劳务派遣单位与劳动者签订劳动合同,与用工单位签订劳务派遣协议,将劳动者派遣至用工单位从事约定的生产劳动的一种用工方式。它是随着国内劳动用工制度改革而出现的一种新的用工形式,近年来在我国得到了迅猛发展。当然,在充分发挥其促进就业作用的同时,也要防止其损害劳动者合法权益的现象发生。

《劳动合同法》对劳务派遣公司的设立、劳务派遣公司和用工单位对劳动者的义务、劳务派遣公司与用工单位之间的相互关系、劳务派遣公司与劳动者签订或解除劳动合同的要求和条件等内容都做出了明确规定。《劳动合同法》第五章第二节对劳务派遣做出了专门规定,劳务派遣公司应当依照《公司法》规定的程序和条件申请、审核、登记和备案。举办者不但要符合法定人数、有公司制定的章程,而且要有公司名称、公司住所,更重要的是公司的注册资本必须达到法定的最低限度即不得少于50万元,以保证对内对外债权债务的民事行为承担能力。劳务派遣公司是《劳动合同法》明文规定的合法用人单位。劳动者与劳务派遣公司构成了劳动关系。劳务派遣公司招用劳动者时应当与被派遣劳动者签订两年以上的固定期限劳动合同,并按劳动合同规定和诚实守信的原则对劳动者履行义务。劳务派遣公司派遣劳动者应当与接受以劳务派遣形式用工的单位签订劳务派遣协议,协议必须载明派遣岗位和人员数量、派遣期限、劳动报酬和社会保险费的数额与支付方式以及违反协议的责任;劳动者与劳务派遣公司协商一致或者提前30日以书面形式通知用人单位,可以解除劳动合同。

法律已经有明确规定,而劳动者务工或被派遣时一定要当心劳务派遣中的"陷阱":不但要弄清劳务派遣公司是否合法,而且更要要求与其签订两年以上的固定期限劳动合同,以便出现劳动争议时能更好地保护自身的合法权益。用人单位在接收派遣劳动者时,也要弄清劳务派遣公司的"家底",并与其签订劳务派遣协议,明确双方各自承担的权利和义务;否则,就有可能承担因失察而出现的不利后果。

三十八、盗窃用人单位的财产顶替拖欠的工资合法吗

已与用人单位解除劳动合同的职工苟某出于"自行解决"欠薪问题的目的,先后两次进入原用人单位车间,盗窃该单位价值3 000元的财产,导致触犯刑律,被人民法院判处有期徒刑9个月,并处罚金1 000元。

这里特别要提醒劳动者,在处理讨要薪酬等问题时应理智对待,不要采取极端手段;否则,极易从受害者变成犯罪者。如此,不但问题得不到解决,还要为自己的愚蠢行为付出惨痛代价,面临法律的制裁。建议劳动者解决劳动争议可以通过有关部门协商、申请劳动争议仲裁或向人民法院提起诉讼等有效途径。

现实生活中，部分用人单位的管理者把法律视为洪水猛兽，把企业的劳动规章制度视为绝对的机密，劳动者在更多的时候并不知道规章制度的存在。其实，对待劳动关系争议，正确的方法不是堵塞，而应是引导。透明的企业劳动规章制度和及时有效的法律法规教育，将会大大减少劳动争议。因此，和谐稳定的劳动关系管理的基础应该建立在对劳动者开展的卓有成效的普法教育上。本案中，由于苟某天性中的善良与朴实并未泯灭，企业并没有遭受太大的损失。但今天有苟某，以后会不会还有李某、马某？因此，学法、守法、用法，通过法律途径解决争议，不但可以使劳动者少受损失，用人单位也一定是受益者。在这一方面，作为管理者的用人单位显然应该承担更多责任。

三十九、如何在合同性质认定中确认当事人真实意思

在实践中，经常会有这样的困惑发生：如果某公司偶尔将技术业务让具有一定技术的自然人去完成，双方之间究竟是承揽合同关系还是非全日制用工关系？如果A公司承接B公司的业务，约定工作地点在A公司的场所，此时应认定为承揽合同关系还是劳务派遣关系？如果用人单位之间签订委托协议，将部分业务交由另一用人单位完成，此时能否根据协议的名称直接认定双方之间是委托合同关系？

在上述情形下，不仅凸显了认定民事法律关系的重要性，而且将劳动者间接的导入用人单位之间民事合同关系的范畴：企业之间不仅需要准确地界定双方的民事合同关系，还需慎重考虑自己与对方的劳动者之间的关系。此外，当用人单位与自然人之间签订合同时，双方是劳动关系还是《合同法》上的民事关系，更需要慎之又慎。那么，应该怎样正确认定当事人之间的合同关系呢？

法律规定的既定模式是认定当事人之间合同关系的基准。《合同法》分则规定了15类"有名合同"，概括出了每类合同的基本特征，《劳动合同法》中的"劳务派遣"、"非全日制用工"、"服务期协议"、"竞业限制协议"等也不例外。

然而，在现实生活中，并非合同当事人都能够完全把握合同行为的基本模式，而且某些合同模式也非常相似，如果在具体案例中不深入分析很难准确认定。在民事法律领域，允许当事人基于意思自治原则自由地约定合同条款以适应社会现象的复杂性。

从某种意义上可以说，当事人的"真实意思"是认定合同关系的核心。只要该意思不违背法律的强制性规定，就应该确定合法有效。比如，某单位开发一个项目需要两个月，在该项目中需要一些勤杂人员完成辅助性工作，根据当前的法律规定，至少有三种合同形式可供选择：承揽合同（属于业务外包）、非全日制用工合同、已完成一定工作任务为期限的劳动合同。那么，项目开发单位与勤杂人员之间是何种关系，在通过合同文本无法认定的情况下，有必要结合合同的核心条款，对照法律规定的合同模式的基本特征，推定当事人的真实意思。因为，从逻辑上来讲，当事人对合同模式的合意，是履行合约的基本前提，也是判断合同当事人是否违约的客观行为的根本准则。但若通过履约的客观行为来推定合同模式，除了逻辑上本末倒置外，不但使合同约定形同虚设，而且很有可能完全背离了当事人的真实意思。

四十、这种情形是辞职还是协商解除劳动合同

金某于2008年11月与某公司签订了为期3年的劳动合同，担任公司的营销经理。2009年10月底，该公司办公地址迁移。前后两个办公地址位于东西两个方向，单程就需要近一个半小时的车程。基于工作地址的变更，不适合自己孩子上下学需要接送的客观情况，金某向其部门总监递交了一份书面申请，要求公司解除与他的劳动合同。总监认为这份申请是金某的辞职申请，便依据公司的辞职程序逐级上报。但是人力资源部总监拿到这份辞职申请后却发现了问题，这一纸申请表面上看是金某希望离职，但他的措辞又隐藏着公司解除与他的劳动合同的要求。虽然是金某先有离职意向，但是由谁主动提出，如何提出，不仅处理程序不同，还会涉及是否需要支付经济补偿金的问题。

辞职是劳动者单方面解除劳动合同的行为，如递交辞职书、提交离职

申请等；协商解除劳动合同是一种双方解约行为，协商一致是解除劳动合同的关键所在。通常情况下，劳动者提出辞职，即使得到用人单位同意，也不会产生"协商解除劳动合同"的法律后果。如果劳动者表达的只是一种要求解除劳动合同的意向，或者以满足某种条件作为解除劳动合同的要求，则应属于由劳动者提出的协商解除合同。本案中，金某申请公司解除与他的劳动合同，显然是要求与公司协商解除。

协商解除劳动合同分劳动者提出协商要求和用人单位提出协商要求两种。按照法律规定，如果用人单位提出解除劳动合同的意向，经与劳动者协商而解除劳动合同，用人单位应当向劳动者支付经济补偿金；如果解除劳动合同的意向由劳动者提出，用人单位就此与劳动者达成合意，则无须支付经济补偿金。本案中，解除劳动合同的意向由金某提出，因此，即使公司同意金某的申请与其解除劳动合同，也无须向金某支付解除劳动合同的经济补偿金。

区别辞职与协商解除劳动合同的重要意义之一在于确认劳动合同的解除时间。在劳动者辞职的情况下，劳动者提前30日以书面形式向用人单位提出解除劳动合同，无须得到用人单位的批准或认可，通知期限届满，劳动合同自行解除，30日期限届满的次日即为劳动合同解除之日。在协商解除劳动合同的情况下，用人单位与劳动者就"解除劳动合同"达成合意之日为劳动合同解除之日。

四十一、劳动争议终局裁决如何适用

在劳动争议仲裁实践中，由于实际案情的复杂性，对于《劳动争议调解仲裁法》中终局裁决的法条适用问题，许多劳动仲裁员都存在困惑。

首先，《劳动争议调解仲裁法》法第四十七条第（一）项规定，追索劳动报酬、工伤医疗费、经济补偿金或者赔偿金，不超过当地月最低工资标准12个月金额的争议适用仲裁终局裁决。对这一条款中的金额理解不同，可能会带来不同的仲裁结果。

其次，如果劳动者提出仲裁申请，劳动争议仲裁委员会是依据所涉各项金额之和还是单项金额来判断是否适用终局裁决呢？目前，我们一般是按几项之和来判断终局裁决的适用。但显然,如果分项判断更有利于保护劳动者,多人共同申请仲裁时,是依据总申请金额还是单个申诉人的申请数额来确定终局裁决的适用呢?目前,我们一般是依据所有申诉人的总额,决定是否适用终局裁决。如果依据每个人请求金额决定是否适用终局裁决更有利于保护劳动者,那么,是依据申诉人在申诉书中所列举的争议金额来判断是否适用终局裁决吗?在实际判例中,一般根据最后裁决结果来决定适用终局裁决。但是,根据争议金额(申请标的)来确定是否适用终局裁决更为妥当。这样,可以避免申诉人漫天要价,也基本符合"追索劳动报酬、工伤医疗费、经济补偿金或者赔偿金,不超过当地月最低工资标准12个月金额的争议"之意。

再次,《劳动争议调解仲裁法》第四十七条第(二)项规定,因执行国家的劳动标准在工作时间、休息休假、社会保险等方面发生的争议适用终局裁决。"社会保险争议"指的是社会保险费的缴纳争议还是社会保险的待遇支付争议?因社会保险发生的争议,主要是指用人单位是否依法按照有关法律法规规定为劳动者缴纳养老、医疗、生育、工伤、失业保险费而引起的争议,而不包括社会保险的待遇支付争议。因为在《劳动争议调解仲裁法》第四十七条第(一)项中已经将"不超过当地月最低工资标准12个月金额的追索工伤医疗费的劳动争议"纳入适用终局裁决的范畴。众所周知,工伤医疗费属于工伤待遇的一部分,既然纳入了第(一)项,则说明工伤待遇支付争议的仲裁无疑也不属于该法第四十七条第(二)项,同理,其他社会保险的待遇支付也不适用于终局裁决。

最后,终局裁决是否适用劳动关系存在较大争议的案件呢?如劳动者既申请确认劳动关系,又申请缴纳社会保险费,这时可能出现两种裁决结果:一是裁决因不存在劳动关系而驳回劳动者的所有仲裁请求;二是确认双方的劳动关系存在,用人单位为劳动者缴纳社会保险费。根据法律规定,确认劳动关系适用非终局裁决,缴纳社会保险费适用终局裁决。关于第二种裁决结果,用人单位可以就劳动关系争议向人民法院起诉,但同时劳动者也可以要求人民法院执行社会保险费的缴纳。综上所述,适用终局裁决需要双方的权利义务关系非常明确,否则不能适用。

四十二、公司解散时如何处理与劳动者的劳动合同

《劳动合同法》第四十四条规定，公司解散是劳动合同终止的法定事由。可是在实际操作中，劳动合同在什么时候终止，将直接影响到劳动者的当月工资和经济补偿金的数额。因此，我们有必要了解《公司法》关于公司解散的有关规定。

《公司法》第一百八十一条列明了公司解散的原因：①公司章程规定的营业期限届满或者公司章程规定的其他解散事由出现；②股东会或者股东大会决议解散；③因公司合并或者分立需要解散；④依法被吊销营业执照、责令关闭或者被撤销；⑤人民法院依照本法第一百八十三条的规定予以解散。上述五点都只是公司依法解散的法定事由，只有上述事由实际发生才会导致公司解散。所以，无论股东会议或者股东大会做出解散决议，还是向工商行政管理部门申请解散都只是公司解散的前提条件。只有当这些条件产生法律上的后果时，公司解散才真正启动。那么，是不是说，公司解散一旦启动，劳动合同就当然终止呢？其实并不尽然，因为公司解散需要经过清算程序。按照法律规定，公司应当在解散事由出现之日起15日内成立清算组开始清算。在清算程序中，公司清理的债权债务中应该包括职工的"劳动债权"。如职工的劳动报酬、社会保险费、经济补偿金、一次性工伤补助金等法定应付款项，而且上述"劳动债权"是优于国家税收和其他债权清偿的。只有当公司经过必要的清算程序后，公司才能依法注销。而一旦公司注销，那么公司就产生法律上的主体消灭，劳动合同的一方主体消灭后，劳动者的合法权益将很难得到保护。因此，劳动合同终止必定是在公司清算过程中选定合适的时间进行。

《劳动合同法》第四条规定，"用人单位在制定、修改或者决定有关劳动报酬、工作时间、休息休假、劳动安全卫生、保险福利、职工培训、劳动纪律以及劳动定额管理等直接涉及劳动者切身利益的规章制度或者重大事项时，应当经职工代表大会或者全体职工讨论，提出方案和意见，与工会或者职工代表平等协商确定"。劳动合同终止应被认为是直接涉及劳

动者切身利益的重大事项，因此在公司启动解散程序时，公司应该在公告债权人的同时，通知全体职工通过召开职工代表大会的形式，合理确定劳动合同终止时间及相应安排。

然而，这种涉及全体职工劳动合同终止的情形是不是采取"一刀切"的方法，要求所有职工的劳动合同同时终止呢？这主要取决于公司收尾的进度。在公司清算期间，要有财会人员编制资产负债表和财产清单，清缴所欠税款；要有相关业务人员处理与清算有关的未了结业务；要有法律人员清理公司债权债务，代表公司出庭应诉等。因此，对于不同岗位的工作人员，应该根据他们履行职责需要的不同时长确定不同的劳动合同终止时间。否则，如果操作不慎，不但会违反法律法规规定，更会因侵犯劳动者合法权益使公司面临群体性争议。

四十三、录用通知与劳动合同不一致以何为准

2008年6月，宁某在一家公司引荐下，到某公司应聘部门经理一职。经过几轮面试，该公司向宁某发出了录用通知，并在录用通知中注明了宁某的职位、主要工作职责、工作地点、入职要求、基本待遇等。公司允诺"凡在当年度12月31日前结束试用期的正式职工，公司将会随最后一个月工资发放相当于两个月工资的年度服务奖金，以此形成每年14个月的薪酬结构"。宁某对此很满意，便按照录用通知上约定的时间开始了工作。但是，2008年12月的工资中宁某并没有发现该用人单位所谓的"14个月薪酬"，经询问，得到的解释是，虽然录用通知中有这样的说明，但是，基于公司创业初期的成本考虑，公司随后决定所有职工都不再发放这一部分薪酬，同时在与宁某签订的劳动合同中也已将这部分规定删除。该用人单位认为，无论是从时间还是效力上看都应以劳动合同为优先，因此，公司不应当再支付多余两个月的工资。宁某对公司的解释不满，于是向劳动争议仲裁委员会提出仲裁申请。

"录用通知"属于用人单位希望和劳动者建立劳动关系的要约，劳动者可以选择接受，也可以不接受。仅有着一张书面通知不能完全构成劳动关系的建立，只有在要约人即劳动者做出承诺时，这一纸文件的内容才能

对双方都有约束力。通常情况下，用人单位都会要求劳动者对录用通知书面回复以表示接受录用通知中的条件。但是形成劳动关系后，仍然需要双方签订一份劳动合同，劳动关系才算正式建立。所以，录用通知与劳动合同都属于具有法律效力的法律文书，不同的是，录用通知受《中华人民共和国民法》（以下简称"《民法》"）、《合同法》规范，而劳动合同则受《劳动法》、《劳动合同法》以及其他劳动保障法律法规约束。

一般情况下，录用通知中已经包含了部分劳动合同约定的内容，如工作时间、地点、职位名称、薪酬福利等，与劳动合同通常会有内容上的重叠。当劳动合同与录用通知中的内容不一致或相互冲突时，便产生了使用效力的问题。一种情况是劳动合同产生于录用通知之后，劳动合同约定不同于录用通知的内容，应当视为用人单位与劳动者就同一问题做出了新的约定，此时，劳动合同的条款效力高于录用通知。另一种情况是，录用通知中具备的内容没有在劳动合同中出现。在这种情况下，不能完全依据协议形成时间来确定谁更具有效力，而是要看录用通知在劳动合同签订后是否还有效。如果用人单位并未明确约定录用通知的有效期，该部分内容在劳动合同签订后仍然有效；相反，如果用人单位在签订劳动合同之时书面说明自劳动合同签订之日起录用通知自动失效，或者以劳动合同内容为准的，未在劳动合同中体现的内容就不具有法律效力。本案中，该用人单位与宁某签订劳动合同时，并未事先说明录用通知将在劳动合同签订后失去效力，因此，宁某主张"14个月薪酬"的要求应该得到支持。

四十四、如何界定劳务派遣中的连带责任

2006年，某劳务派遣公司将招用的几名劳动者派遣到某单位从事后勤工作，工资及社会保险费由用人单位交劳务派遣公司支付和缴纳，同时，用人单位向劳务派遣公司支付每人每月50元的管理费。劳动合同与劳务派遣协议都是两年签订一次，且期限相同。2008年2月，两个合同均到期。在此之前，用工单位曾表示无法明确是否续签劳动合同及续签多久，但仍将继续用工一段时间，劳务派遣公司与劳动者均未提出异议。因此劳动合同到期后，这几名劳动者仍在该用工单位工作。直到2009年

6月,用工单位表示将退工,并告知劳动者和劳务派遣公司,劳务派遣公司开出了退工通知单。

于是,几名劳动者要求支付经济补偿金,以及3月到6月没有签订书面劳动合同的两倍工资,并将劳务派遣公司与用工单位一起列为被申诉人,向劳动争议仲裁委员会提出仲裁申请。用工单位表示愿意承担经济补偿金责任,但没有签订劳动合同是由劳务派遣公司造成的,因此,两倍工资应当由劳务派遣公司来承担。劳务派遣公司则认为自己只是按照用工单位的要求来管理,没有续签劳动合同也是由于用工单位的责任所导致,因此,应当由用工单位来承担全部责任。三方就责任的承担发生了争议。

这是一起典型的因劳务派遣用工引发的劳动争议案件。在劳务派遣中,劳务派遣公司应当承担用人主体的权利义务,包括与派遣职工签订书面劳动合同,没有签订书面劳动合同的,应当支付两倍的工资。实际用工单位应当按照《劳动合同法》的规定或劳务派遣协议的约定方式履行退工手续,需要支付经济补偿的应当支付。本案中,因为用工单位的原因导致没能与派遣公司续订劳务派遣协议,而派遣公司以没有签订劳务派遣协议为由,没能与派遣职工签订书面劳动合同,从法律上讲,用工单位应当属于违约行为,而派遣公司则属于违法行为,违法行为理应承担法律责任。

但是,由于派遣用工的特殊性,《劳动合同法》第九十二条规定,派遣单位违法,给派遣劳动者造成损害的,劳务派遣单位与用工单位承担连带赔偿责任。同样,《劳动合同法实施条例》第三十五条规定,因用工单位违法而给被派遣劳动者造成损失的,劳务派遣单位和用工单位承担连带赔偿责任。因此,无论是派遣单位违法,还是用工单位违法,都应当对劳务派遣人员承担连带赔偿责任。

这里的连带责任应当理解为完全连带责任,而非部分连带责任。完全连带责任指的是劳务派遣公司或用工单位都应当独立对派遣劳动者承担所有的赔偿责任,无论是由哪方违法导致劳动者受损害。即使被派遣劳动者只起诉一方,依据《最高人民法院关于审理劳动争议案件适用法律若干问题的解释(二)》第十条规定,劳动者因履行劳动力派遣合同产生劳动争议而起诉,以派遣单位为被告;争议内容涉及接受单位的,以派遣单位和接受单位为共同被告。即在劳务派遣争议中，劳动争议仲裁委员会和人民法院是有权力直接追加另一方为第三人或者被告的。

在完全连带责任的前提下，劳动仲裁员和法官在审理此类劳动争议时，只审查派遣方和用工方是否给派遣职工造成了损害，是否应当依法对派遣职工承担法律责任；如果成立，那么就会裁决或判决向派遣职工承担的具体责任内容。本案中，劳动争议仲裁委员会就应当裁决用工单位和劳务派遣单位向派遣职工支付经济补偿金和两倍工资。裁决生效以后，派遣职工可以向派遣公司主张这两项经济赔偿，也可以向用工单位主张。在双方都不支付的情形下，派遣职工可以选择向人民法院申请强制执行任何一家赔偿。如果人民法院执行派遣公司赔偿，且派遣公司的钱不够，那么派遣职工还可以就差额申请强制执行用工单位支付。在派遣职工经济补偿金和两倍工资执行完毕的前提下，派遣公司和用工单位可以根据双方的派遣协议来确定究竟是哪一方的责任，以便向真正有责任的一方追偿。

四十五、劳动合同期限与服务期期限以哪个为准

2004年8月1日，雷某入职某公司，双方签订了书面劳动合同，期限为4年，月薪6 000元。2005年，公司挑选雷某等人赴国外接受技术培训，并与他们分别签订了一份"培训协议"。其中约定，培训期限为2005年5月至2006年3月，培训费为120 000元，培训结束后必须回公司继续工作5年以上；如违反服务期约定，雷某等人应当向公司支付违约金100 000元。2006年3月，雷某等人学习期满回公司后，享受公司专家级的待遇。但他几次提出加薪的要求，公司都未予批准。自2008年8月1日起，雷某开始不到公司上班，并要求公司为其办理社会保险关系转移手续。公司对雷某的行为感到很意外，多次通知雷某回公司上班，雷某不予理会，公司便要求他按照协议约定支付违约金100 000元。雷某认为，自己与公司签订的劳动合同期限是2004年8月1日至2008年7月31日，现在合同已经到期终止，无须向公司支付违约金。公司则认为，根据培训协议约定，雷某回国后应当在公司继续工作满5年。截止2008年7月31日，雷某仅仅在公司工作了两年多，雷某自行离开公司，应当支付违

约金，并赔偿公司培训支出 120 000 元。在双方协商未能达成一致的情况下，公司向劳动争议仲裁委员会提出仲裁申请。

"劳动合同"和"培训协议"都是用人单位与劳动者为明确双方权利义务而达成的书面约定，在用人单位与劳动者之间均具有法律效力。《劳动合同法实施条例》规定，劳动合同期满，但是用人单位与劳动者依照《劳动合同法》规定约定的服务期尚未到期的，劳动合同应当延续至服务期满。因此，本案中，雷某与公司的劳动合同期限应当延续至服务期满之日，即 2011 年 3 月 31 日。

《劳动合同法》就劳动者向用人单位支付违约金的情况做了明确限定，即除用人单位为劳动者提供专项培训费用进行专业技术培训，以及在劳动合同中约定竞业限制条款，且劳动者在离职后用人单位依照约定支付了竞业限制补偿这两种情形外，用人单位不得与劳动者约定由劳动者承担违约金。本案中，公司与雷某是对专项技术培训所进行的约定，公司可以通过协议的方式约定雷某违反服务期约定所应当承担的违约责任。《劳动合同法》第二十二条规定："劳动者违反服务期约定的，应当按照约定向用人单位支付违约金。违约金的数额不得超过用人单位提供的培训费用。用人单位要求劳动者支付的违约金不得超过服务期尚未履行部分所应分摊的培训费用。"本案中，雷某的服务期为 5 年，雷某实际已经履行了两年零三个月，根据法律法规规定，公司仅能根据其实际提供的培训费用 120 000 元减去已经履行了两年零三个月的服务期分摊的培训费用 54 000 元，要求雷某向其支付 66 000 元的违约金。

四十六、劳动合同约定与制度规定哪个为先

2006 年 9 月 16 日，白某与某公司签订 3 年期限的劳动合同，合同期限自 2006 年 9 月 17 日起至 2009 年 9 月 16 日止。白某担任客户经理一职，月薪 5 000 元，电话费补助每月 100 元，出差补助每月 1 000 元。白某试用期结束后，公司一直按照劳动合同的约定标准向其支付工资报酬。2008 年 2 月，公司为了规范管理，经过与职工代表的几轮协商，制定了新的规章制度，并组织公司职工培训学习。新制度对公司各项补助标准进

行了调整，提高了话费补助标准，将原有的包干出差补助变更为按照实际出差天数计算。2008年3月，新制度施行。当月，白某的工资发生了变化，话费补助由原来的100元，涨到200元；因白某当月没有出差，工资中减少了出差补助1 000元。白某对公司调整补贴很不满意，要求公司继续按照劳动合同约定发放工资，不能自行降低标准。公司答复，公司在制定规章制度时征求了职工代表的意见，内容和程序符合法律规定，并且按劳取酬对每个职工都是公平合理的。公司之前疏于管理才造成了用工成本的增加和浪费，现在及时弥补管理中的不足不但有利于企业发展，对稳定职工队伍也是一种保障。

规章制度是用人单位对劳动者进行管理的依据，管理范围为多数劳动者的一般行为，是管理劳动权利义务的一般标准；劳动合同形成于劳动者与用人单位双方，是双方协商一致的结果，也是规范双方权利义务的特殊约定。按照"特殊优于一般"的法律效力原则，用人单位与劳动者在劳动合同中的特殊约定的法律效力高于规章制度的一般规定。因此，在劳动合同约定与规章制度规定出现冲突时，应当以劳动合同约定的特殊约定作为用人单位双方履行劳动权利义务的依据。本案中，公司与白某在劳动合同中明确约定了工资待遇，包括每月1 000元的出差补助，此约定是用人单位对白某的承诺，具有法律效力。规章制度对出差补助的新规定适用于未与公司就此达成协议的劳动者。为达到统一管理的目的，公司可以通过协议变更劳动合同的方式，变更白某的出差补助标准；也可以通过补充协议的方式，约定出差补助按照规章制度规定的方式计发。

用人单位在制定规章制度的过程中，应当了解劳动合同和规章制度的区别。规章制度记载的应当是法律允许用人单位单方面决定的事项，只有在不违反法律法规规定的前提下，才能真正发挥规章制度的作用。

四十七、这样改变用工方式的行为有效吗

近几年，餐饮类企业兴起一种新的用工方式，其主要特点是餐饮企业与餐饮培训学校达成实习协议，将本企业的一部分工作岗位提供给餐饮培训学校学生实习，培训学校则定期向该餐饮企业派遣并更换学生。这种实

习对餐饮培训学校增强其培训效果，对学生增强就业能力都是有效的途径；对餐饮企业来说，也在一定程度上解决了人员流动大、企业权益受损的难题；而且部分解决了由于劳动者实践经验缺乏而带来的就业压力，是一种学校、学生、企业、社会四方共赢的方式。

但在实际操作中，这种培训方式往往演变成为培训学校及餐饮企业双赢，学生及就业工作双输的局面。存在这种用工情况的餐饮类企业中，实习学生的工作岗位、工作时间、工作强度都与同企业的正式职工相同，并且实习期最短的也是3个月。餐饮企业在这3个月期间根据协议向培训学校支付一定的费用，或向学生支付略高于本地最低工资标准却大大低于同行业同岗位最低工资水平的劳动报酬；同时，根据企业与学校达成的协议，学生实习期间不视为就业，因而企业不与学生签订劳动合同、不为学生缴纳各项社会保险费。通过这种方式，餐饮企业在较大程度上节省了用工成本，职工队伍也会相对稳定下来，而培训学校既提高了培训效果也扩大了学校名气，甚至有的学校还可以从餐饮企业那里收取一笔数额不菲的劳务费用。

对学生以实习生身份参加培训来说，他们在同样的岗位上同样的付出却仅得到最低的工资报酬，而且，其作为一个劳动者所应享有的各项权益却无法得到落实。同时，由于餐饮企业以部分或全部职工是实习生为借口长期不参加社会保险，或者仅为个别管理人员缴纳社会保险费，依靠这种打"擦边球"的方式逃避一个企业应该承担的社会责任，从而导致社会保险费无法及时收取，增加未来社会保险支付压力；一旦这种用工方式被更多的企业认同并使用，那么必定将有越来越多的工作岗位被挤占而导致就业压力增加。

其实，从用人单位与劳动者建立劳动关系应同时具备的三个条件分析，餐饮企业与实习生已经形成了事实上的劳动关系，而从越来越多的餐饮企业开始全员使用实习生来看，餐饮培训学校变相扮演了"劳务派遣单位"的角色。因此，必须对餐饮企业用工方式转变行为进行规范，督促餐饮企业与劳动者签订劳动合同；对餐饮企业的工资发放、工作时间、参加社会保险等情况进行及时检查。

四十八、职工自行缴纳养老保险费是否可以要求用人单位赔偿

摆某是某公司的一名普通职工,2005年3月至2008年12月在该公司工作,双方没有签订书面劳动合同,工资均按照口头约定支付。2005年至2006年,摆某自己缴纳了养老保险费,有公司当时统计表体现出来。2007年、2008年期间的养老保险费公司按照规定已予以缴纳,有缴纳票据可备查。2008年12月公司根据经营需要,通知摆某停职待岗。摆某不服公司决定,于是向劳动保障行政部门进行投诉,除要求公司支付未与其签订书面劳动合同的两倍工资外,还要求公司赔偿其2005年、2006年的养老保险费用。

《劳动合同法》第八十二条规定没有签订书面劳动合同支付两倍工资的情形,应当自《劳动合同法》实施之日起计算。因此,公司应该支付2008年11个月没有与其签订书面劳动合同的两倍工资。

关于养老保险费的缴纳,依据《劳动法》第七十二条规定,用人单位和劳动者有缴纳社会保险费的义务。我国关于保险费的缴纳有两种方式,一种方式是由用人单位予以缴纳,一种方式是职工按照自由职业者的缴纳方式予以缴纳。摆某在2005年、2006年自己缴纳了养老保险费,2007年、2008年由公司予以缴纳,这样在摆某的社会保险费缴纳清单上,其社会保险费的交纳是连续的,不存在欠缴、漏缴的问题。现在摆某要求用人单位赔偿其2005年、2006年个人缴纳的保险费,没有政策和法律依据。

四十九、他们之间是否存在事实劳动关系

郝某于1985年7月被某邮政局招录,被派往该邮政局支局负责接送邮件、分拣平信、分发报刊以及几个乡村的投递工作。他曾6次被评为邮局"先进工作者"、"先进生产者"。1994年7月和2000年9月,郝某与邮政局两次签订《委托投递合同书》,合同对投递范围、工资标准、劳动

纪律等内容进行了约定。那么，郝某与该邮政局是否存在劳动关系？

委托代办邮政业务是指邮政企业充分利用社会力量，根据需要委托有关单位或个人代办部分邮政业务，并按照规定给付相应代办费的一种经营方式。1987年10月1日施行的《中华人民共和国邮政法》为邮政企业开创委代办业务建立了法律基础。其中第八条规定，邮政企业根据需要可以委托其他单位或者个人代办邮政企业专营的业务，代办人员办理邮政业务时，适用本法关于邮政工作人员的规定。此后，1997年原邮电部制定了《邮电"委代办"管理暂行办法》，2001年国家邮政局又印发了《邮政业务"委代办"管理办法》，以部颁规章的形式规范了委代办业务的操作规程，下达了代办邮政业务合同格式文本，明确了委托代办邮政业务不属于劳动关系，委代办员与邮政局签订的《邮政业务委代办合同》属于民事合同，受民事法律法规调整规范。

依据以上法律法规的规定，"委托代办邮政业务"具有以下法律特征：第一，委托方和受托方订立委托代办的书面协议；第二，代办业务或事项应当具体、明确，而且是企业职工无法完成或没有必要由企业职工专门负责完成的事项；第三，代办方应当是邮政企业外单位或个人，同时代办业务不属于代办方的经营业务范围或专门工作职责事项；第四，代办方如果是个人，其工作地点不能与邮政企业内部职工设在一处，即其不受邮政企业管理和企业各项劳动规章制度的约束，其获取的酬金（代办费）数额必须在委托代办协议中明确约定。同时具备上述特征，委、代双方才可构成"委托代办邮政业务"的法律关系。

但是，据郝某所陈述的事实，郝某1995年进入邮电局工作，此时尚无"委代办邮政业务"的界定，跟其他邮政局的职工一样工作，并多次获得"先进工作者"的光荣称号。如果邮政局对待该人与其他职工一样，如发放上岗证、工作服，按月发放工资、福利，并要求该人遵守邮政局的各项制度，那么，根据原劳动保障部《关于确立劳动关系有关事项的通知》的规定，该人与邮政局之间的关系来看，具备了法律规定的主体资格、受用人单位劳动规章制度约束的要件，而且该人所从事的劳动是邮政企业业务的重要组成部分，因此，该人与邮政局双方之间存在劳动关系。

从协议的实际内容和各方实际义务履行情况来看，该人一直接受邮政局的管理，遵守邮政局各项制度并以不变的形式在工作，邮政局也一如既往为该人提供劳动保护、工资报酬，仍有着劳动关系的明显特征。因此，该人与邮政局之间的劳动关系没有因签订协议而改变，双方签订协议也不能取代双方之间已经形成的事实劳动关系。

因此，邮政局与投递员之间形成的民事代办关系，需要在管理上与在职职工予以区分。代办关系是通过合同约定的责任和义务来保证双方的代办关系的继续，双方不存在管理与被管理的关系，而劳动关系是通过邮政局的规章制度来实现对职工的管理。

五十、劳动者短期合同因期满而终止，用人单位是否需要支付经济补偿金

某单位2001年3月与几名劳动者签订了为期5个月的固定期限劳动合同，现在合同到期，用人单位打算和他们终止劳动合同。那么，用人单位是否需要支付这几名劳动者经济补偿金？

《劳动合同法》第四十六条规定劳动合同期满终止，用人单位不同意续签劳动合同的，应当支付经济补偿金。这里的劳动合同专指固定期限劳动合同；《劳动合同法实施条例》第二十二条规定，以完成一定工作任务为期限的劳动合同终止也需要支付经济补偿金。即在目前的法律体系下，劳动合同期满终止的，无论合同的性质与长短都应当支付经济补偿金。该用人单位与劳动者签订了为期5个月的劳动合同，不满6个月，按照规定应当向这些劳动者支付半个月的工资作为经济补偿金。

五十一、用工中发现劳动者患有疾病如何处理

某公司招聘了一名保洁员。用工前这名劳动者提交了体检报告，基本项目都正常。但在工作过程中，用人单位发现她有突然抽搐现象。公司是否可以单方面终止双方之间的劳动关系？如果终止劳动关系是否需支付经济补偿金？

基于劳动者入职之前存在的隐性疾病，用人单位在用工过程中发现

的，应当区分情况予以处理。如果劳动者的疾病是某工作岗位或行业法定禁止的，如餐饮行业的劳动者带有传染性疾病的，那么用人单位可以以不符合工作岗位要求为由终止双方的劳动合同；如果该疾病不是行业法定禁止的，劳动者发病不能从事工作的，可以根据有关医疗期的规定，进入医疗期，在医疗期满后仍不能从事工作，可以予以解除劳动合同。所以，该职工发病只要不影响工作，公司没有单方终止劳动合同的权利。还要强调一点，无论用人单位以什么理由终止劳动合同，都应当按照国家规定向其支付经济补偿金。

五十二、无固定期限劳动合同属于"铁饭碗"吗

2008年9月19日国务院颁布了《劳动合同法实施条例》。该条例只有短短的38条，可是关于劳动合同解除的第十八条和第十九条，分别规定了劳动者可以解除劳动合同的13种情形以及用人单位可以解除劳动合同的14种情形，真可谓浓墨重彩。

在《劳动合同法》生效的前前后后，众多用人单位辞退职工多多少少都与对无固定期限劳动合同的理解有关。从某种意义上说，无固定期限劳动合同改变了用人单位和劳动者的某些预期。那么，这些预期到底有哪些呢？按照不同的标准，我们可以大致将其作以下区分：对于专业化程度要求较高的用人单位来说，他们的预期是希望与具有专业性技能的职工保持长期稳定的劳动关系，所以他们更希望无固定期限劳动合同能成为用人单位留住人才的一个保障。近年来，频繁发生的飞行员辞职纠纷就是这种现象的典型体现；而对于专业化程度要求较低的用人单位来说，由于许多岗位的可替代性比较强，所以，他们更希望通过加强劳动力市场的流动性，时刻为自己补充最合适的劳动者，而这样的话，无固定期限劳动合同显然就给他们带来了很大的担忧。近年来，一些劳动密集型企业的裁员事件很多都与此相关。从劳动者的角度来说，对于智能和技能水平较高、年龄又小的劳动者来说，由于人力资本的相对稀缺性，他们更愿意通过市场竞争来获得更高的劳动报酬，无固定期限劳动合同反倒成为他们流动的掣

时。在某起飞行员辞职争议中，某航空公司与飞行员签订的劳动合同期限竟然长达99年，无怪乎有人将其称之为"卖身契"；而对于智能和技能水平较低、年龄偏大的劳动者来说，面对高度的流动性和可替代性，他们更希望一纸无固定期限劳动合同能给自己带来一个"铁饭碗"。

但是，很显然，这些众多的预期可能同时存在于同一个用人单位之中，而且在很多情况下可能是互相冲突的。就比如在航空业中，航空公司可能更希望与飞行员签订无固定期限劳动合同，而普通劳动者可能更愿意与航空公司签订无固定期限劳动合同，这样一来，就使得无固定期限劳动合同也显得众口难调。在这种情况下，该条例将人们的种种预期加以明确，从一定意义上说，第十八条明确向人们宣示了无固定期限劳动合同不是"卖身契"，而第十九条也说明无固定期限劳动合同也不同于"铁饭碗"和"终身制"。

五十三、如何防范劳务派遣中的法律风险

什么是劳务派遣？劳务派遣是指派遣单位依据用工单位（即实际用人单位）的要求，与用工单位签订派遣协议，将与之建立劳动合同关系的劳动者派往用工单位，被派遣劳动者在用工单位的指挥和管理下进行工作，用工单位向被派遣劳动者支付劳动报酬的一种特殊形式。由于用工形式复杂，劳务派遣在运作中会遇到各种各样的法律风险，这就要求劳务派遣中的各方在各个环节必须加强对法律风险的防范。

一是招聘劳动者时的法律风险防范。由于"招人的不用人、用人的不招人"，派遣服务机构对用工单位的用人要求并不完全了解。因此，为保证招聘质量，派遣服务机构可以书面授权用工单位代为招聘，具体招聘事宜应当由派遣服务机构出具的授权书规定。用工单位代派遣服务机构招聘的，用工单位在招聘时应向劳动者出具授权书或披露其代理人身份。这样，才能最大限度地避免造成招聘时的主体混乱。

二是规章制度冲突的法律风险防范。派遣服务机构与用工单位的规章制度往往不一致，容易发生冲突。因此，用工单位如果想让自己的规章制度对派遣职工有约束力，应当做以下两件事：第一，在制定规章制度时最

好查阅派遣服务机构制定的类似规章制度，避免矛盾；第二，在与派遣服务机构的派遣协议中明确约定，派遣职工应同时遵守派遣服务机构和用工单位的规章制度，两个单位的规章制度有冲突时，以用工单位的规章制度为准。

三是合同相对性的法律风险防范。合同相对性，指的是合同约定的条款只对当事人有效，非经第三人同意，合同不得为第三人设定义务。但是，在劳务派遣用工中，三个主体，理论上可以产生三个合同。这时，稍不注意，本应是双方的合同就会给第三方一个不知晓的义务。此时，这种义务对第三方是没有约束力的。因此，在劳务派遣中，不管是哪两方签订协议都应当慎重，不要给第三方设定义务，除非得到第三方的书面同意。

五十四、如何破解工伤赔偿中农民工的尴尬

《劳动法》、《劳动争议调解仲裁法》都明确规定了解决劳动争议的四种机制：协商、调解、仲裁和诉讼，这四种机制的核心价值取向就是及时、公正客观地解决劳动争议。但是，在实践中，由于种种原因，往往出现两者不能兼顾的尴尬局面，在农民工索取工伤赔偿的过程中，这种现象就比较突出。

某法律援助中心的一份调查显示，在该法律援助中心提供法律援助并结案的71起工伤案件中，经调解结案的共有46起，占已结案件的64.8%。那么，农民工为何会倾向于选择调解程序呢？显然，他们追求的首要目标是迅速得到赔偿。在工伤赔偿流程中，农民工如果选择了"先裁后审"程序，这意味着他必须做好打持久战的准备。工伤争议一般要经过工伤认定、劳动能力鉴定和工伤待遇赔付三个阶段，而且在工伤认定和工伤待遇赔付阶段也要遵循"先裁后审"的规则。在工伤认定阶段，首先要确认劳动关系。在这个过程中，如果走完"先裁后审、一裁两审"的程序，根据劳动争议时效和民事诉讼时效的规定，一般情况下需要13个月左右，最长的可以达到26个月。而且，当劳动保障行政部门做出认定结论后，对于认定结论不服的，还可以提起行政复议，并进而引发行政一审、二审；对于重新做出的认定依然不服的，还可以再次提请复议和

诉讼，这样算来，做出最终的工伤认定最长可达四年左右。另外，再加上劳动能力鉴定阶段少则4个半月多则6个半月的时间以及最后在工伤赔付阶段的"先裁后审、一裁两审"，整个工伤赔偿流程走下来，少则4年左右，多则7年左右。显然，这成了一次不折不扣的"马拉松"赛，而农民工则是拖着"残腿"参与这次比赛。最终，农民工可能拿到了公正的裁决或者判决，但是，几年来仲裁和诉讼的反复却使他们拿到手的工伤赔偿大打折扣。所以，相比较之下，许多农民工宁愿选择和解或者调解以期迅速获得赔偿。但是，此种情况下，赔偿数额往往是由用人单位决定的。

所以，在现有的工伤争议解决机制中，农民工选择协商和调解，虽然能得到更为迅速的救济，但是，往往要舍弃自己的部分权利；而选择了劳动争议仲裁和诉讼的，虽然最终会使自己的权利得以保全，但是，其代价却是高昂的。如何破解这种尴尬，需要进一步探索农民工工伤赔偿的法律问题。

五十五、工伤赔偿与民事赔偿该如何适用

在我国，工伤保险赔偿与民事侵权损害赔偿的法律竞合主要体现在《中华人民共和国职业病防治法》（以下简称"《职业病防治法》"）第五十二条、《中华人民共和国安全生产法》（以下简称"《安全生产法》"）第四十八条和《最高人民法院关于审理人身损害赔偿案件适用法律若干问题的解释》第十一条、第十二条。其中，《职业病防治法》第五十二条规定，职业病病人除依法享有工伤保险外，依照有关民事法律，尚有获得赔偿权利的，有权向用人单位提出赔偿要求。《安全生产法》第四十八条规定，因生产安全事故受到损害的从业人员，除依法享有工伤保险外，依照有关民事法律尚有获得赔偿权利的，有权向本单位提出赔偿要求。对于这两部法律中的规定产生了两种不同理解。一种理解认为，这两条法规规定的是一种"双重受益模式"，即当事人可以享受工伤保险待遇，同时尚有民事侵权损害赔偿请求权。另一种理解认为，这两条法规规定采取的是"补充模式"，即当事人除享受工伤保险待遇外，可以行使尚有的民事侵权损害赔偿请求权用以补足。显然，对于法条解释的模糊，也导致了司法

实践的不统一。

虽然《工伤保险条例》对工伤保险赔付做出了明确规定，但是，由于它只是行政法规、位阶较低，不能对此前通过的《职业病防治法》和《安全生产法》中的民事请求权做出限制。那么，在司法实践中该如何应对这一问题呢？最高人民法院为此做出了司法解释。该解释第十一条、十二条规定，对于工伤中涉及第三人侵权的可以提出人身伤害赔偿，其他的则按照《工伤保险条例》执行。但是，司法解释的效力显然无法从理论和立法上解决这两者竞合的问题；而且，在实践中，对于该类问题的处理多是由人民法院自由裁量的。

所以，目前对于两者之间竞合的解决无论在理论上还是在立法、司法实践中依然是模糊不清的。

五十六、怎样对劳动合同条款进行增减

《劳动合同法》第十七条规定了劳动合同应当具备的一些条款。在实践中，很多用人单位设计了"个性化"劳动合同文本，但有些缺少法律规定的必备条款，有些则约定繁杂，这些现象对劳动关系处理大有影响，用人单位切不可小视。

某公司起草了这样一份劳动合同，条款为：①劳动者和用人单位的基本信息；②劳动合同期限为完成某一工作，但最长不超过3个月，试用期为10天；③工资标准为每个月8 000元，试用期减半为4 000元；④劳动者应保守公司的商业秘密；⑤约定工资已经包括各种福利待遇，公司不另行给付；⑥劳动者故意损害公司财物，应当按照被损财物的价值予以赔偿。

这是一份典型的在法定条款基础上有增有减的劳动合同，它究竟有没有法律效力？会带来不利的法律后果吗？

首先，这份劳动合同缺少了某些必备条款，并不必然导致合同无效，也不意味着可回避某些权利和义务。按照法律法规规定，劳动合同缺少如工作内容和工作地点、工作时间和休息休假制度、社会保险等必备条款，或对条款约定不明的，可以按照集体合同约定的标准执行，没有集体合同

或集体合同未规定的，按照有关法律执行；如果由于缺乏必备条款给劳动者造成损害的，用人单位应当承担赔偿责任。案例中的劳动合同虽然没有约定社会保险事项，但缴纳社会保险费是用人单位和劳动者的法定义务，无论劳动合同中是否约定、如何约定，都不能免除用人单位应当依法参加社会保险和缴纳社会保险费的义务。如果最后该公司因为社会保险问题与劳动者发生争议，很可能承担不利后果。

其次，对用人单位来说，增加具有可操作性的合同条款也是非常必要的。这份劳动合同显然考虑到了这一点，约定"所有职工应该保守公司的商业秘密"，"劳动者故意损害公司财物，应当按照被损财物的价值予以赔偿"，等等，既合法有效，又对保护公司利益具有重要性。实践中，为了顺利处理劳动者离职时的劳动关系，还可以约定"解除劳动合同，劳动者应当办理离职工作交接手续，工作交接完毕后用人单位结算工资及经济补偿金"等内容。

最后，如果增加的条款违反法律法规规定，则该条款属于无效条款。案例中的合同是以完成一定工作任务为期限的劳动合同，《劳动合同法》规定这种劳动合同不得约定试用期，因此，合同中"试用期为10天"、"试用期工资减半"的条款违反法律法规的规定，是无效的。

可见，设计劳动合同应当尽量包含《劳动合同法》所规定的必备条款，同时对双方需要约定的特殊事项予以明确约定，以避免劳动争议的发生。

五十七、续签劳动合同能不能预先约定

尚某被某公司录用，担任人事主管，在整理公司职工的劳动合同时，他发现之前的劳动合同中都有这样一条约定："如果双方在劳动合同期限届满的前一个月未提出异议，本合同在此以后继续有效。"类似的条款还有"双方未在劳动合同到期前提出异议的，将视为按照原合同条件自动续延一年"。尚某很疑惑，通过这样的预先约定，是否可以达到劳动合同续签的目的？

首先，《劳动法》、《劳动合同法》都规定了一般情况下劳动合同到期

或约定的劳动合同终止条件发生将导致劳动合同终止的结果，如果要将劳动合同继续延展，需要双方协商一致续订劳动合同的程序。但是部分地方性法规政策却为劳动合同的续签和终止规定了一定的期限和条件，未满足这些期限和条件的，不能完成劳动合同续订或终止。这些地方政策在《劳动合同法》出台之后并未被废止或替代，因此用人单位仍然需要在劳动合同即将到期前至少提前30日继续履行续订或终止的通知义务，否则仅对双方是否在劳动合同到期前30日内提出异议，是不能必然起到续订或终止合同的作用的。同时，一旦用人单位错过或漏掉这一步骤，就有可能产生"晚通知一日，多支付一日工资"等不利后果。因此，对续订劳动合同这项人力资源管理工作来说无机可投，也无巧可取；对即将到期的劳动合同，仍然需要人力资源管理部门至少提前30日向职工送交续签合同征集意见函告或者合同终止通知书，并及时将续签意向、条件、续签合同的内容以书面形式固定下来。

其次，从管理的角度来看，续订劳动合同是对原来劳动关系的约定续延，必须经过双方的协商合意方可达成，连续签订两次固定期限劳动合同，劳动者还可以选择是否签订无固定期限劳动合同。因此，如果用人单位希望留住某些劳动者，就应当对其服务期限、福利待遇、职位等劳动条件加以斟酌，这样才可以在续延的劳动合同期限内更好地让劳动者增强对用人单位的认可程度，从而创造更多的价值。

五十八、补签劳动合同有没有必要

某公司有一批职工劳动合同即将到期，但此时有一个问题让该公司感到为难，因为公司全部职工在2009年之前都没有签订书面劳动合同。2009年，该公司总经理上任时曾要求全员签订书面劳动合同，因此所有职工都与公司签订了自2009年1月1日至2009年12月31日的劳动合同。现在，经过权衡之后，公司决定终止与其中5名劳动者的劳动合同，其他劳动者续签3～5年的劳动合同。但是，公司对这5名职工心存顾虑，担心终止合同会导致他们要求支付2009年之前未签订书面劳动合同的两倍工资；如果补签2009年1月之前的劳动合同，又担心一旦出现两份合同，此次合同到期后，劳动者会要求签订无固定期限劳动合同。那么，公司到底该不该补签与劳动者之前的劳动合同？补签之后会出现什么局面呢？

首先，《劳动合同法实施条例》第五条规定，自用工之日起1个月内，经用人单位书面通知后，劳动者不与用人单位订立书面劳动合同的，用人单位应当书面通知劳动者终止劳动关系，无须向劳动者支付经济补偿金，但是应当依法向劳动者支付其实际工作时间的劳动报酬；第七条规定，用人单位自用工之日起满1年未与劳动者订立书面劳动合同的，自用工之日起满1个月的次日至满1年的前一日应当依照《劳动合同法》第八十二条的规定向劳动者每月支付两倍的工资，并视为自用工之日起满1年的当日已经与劳动者订立无固定期限劳动合同，应当立即与劳动者补签书面劳动合同。可见，法律法规明确规定用人单位具有自用工之日就与劳动者签订劳动合同的义务，即使当时未签订的，法律也只赋予用人单位30日的"宽限期"。一旦超过30日期限，用人单位就不得不面临支付两倍工资和签订无固定期限劳动合同的被动结果。因此，无论是对准备终止合同的5名劳动者还是其他人员，公司都应当尽可能与其协商，及时补签书面劳动合同。

其次，补签劳动合同之后，是否需要签订无固定期限劳动合同还需要具体情况具体分析。《劳动合同法》第十四条规定，连续订立两次固定期限劳动合同，且劳动者没有该法第三十九条和第四十条第（一）项、第（二）项规定的情形，劳动者提出或者同意续订、订立劳动合同的，除劳动者提出订立固定期限劳动合同外，应当订立无固定期限劳动合同。因此，如果是2008年前入职的劳动者，且补签劳动合同的起始时间是实际入职之日，并未出现上述条文所规定的情形，无须在此次合同到期时签订无固定期限劳动合同。如果是2008年之后入职的劳动者，补签书面劳动合同后存在签订两次固定期限劳动合同的情形，是否续签、签订何种劳动合同，将取决于该劳动者的意思表示，除用人单位提高或维持原劳动合同条件劳动者决定不再续签，或者劳动者要求续签固定期限劳动合同的情况外，用人单位应当与其签订无固定期限劳动合同。

五十九、怎样预防实习用工的事实劳动关系风险

实习大致分为两种，一种是在学校教学安排下，按照不同的培养方向，由学校和用人单位之间签订长期合作协议，安排学生到用人单位进行教学实习或顶岗实习。勤工助学是学生利用学习以外的时间参加劳动，并以劳动所得改善或维持生活的社会实践活动。但是无论是哪种社会实践形态，实习的主体都是在校学生，所以根据原劳动保障部《关于贯彻执行〈中华人民共和国劳动法〉若干问题的意见》第十二条规定，在校学生勤工助学的，不视为就业，未建立劳动关系，可以不签订劳动合同。据此，在校生一般不认为是《劳动法》意义上的劳动者，但是这样的实习事实上暗含着用人单位"监管"不严导致的风险。

某校大四学生冯某为了能够顺利找到一份工作，多次找实习单位并且努力表现，可是每次都与工作机会失之交臂。于是，冯某到学校办理了提前毕业手续，后来他所在的实习单位希望与其终止实习关系的时候，冯某突然向公司提交了自己的毕业证书，证明自己早已毕业，已经与该单位形成了事实劳动关系。由于该用人单位之前并没有与冯某签订过任何书面协议，而冯某已经具备了劳动者的主体资格，因此人民法院最终认定冯某与该用人单位形成了事实劳动关系。正是用人单位接纳实习生前审查疏漏，造成了用人成本的损失。但是这种疏漏却是防不胜防的。

《劳动法》规定，凡年满16周岁并未达到法定退休年龄的自然人都具备劳动者的主体资格，而冯某在实习单位的实习恰恰又包含了可以认定为事实劳动关系的其他要件，比如，实习单位给实习生配发的工作证、工作服，实习生受实习单位的管理或指派完成工作，实习单位为实习生提供的实习报酬等管理行为。这些都会因为"在校生"离校，而变成认定双方存在事实劳动关系的证据。因此，为了避免"失察"之责，用人单位可能只有时常向实习生所在学校求证学生的毕业时间。然而，这种办法在实践中很难奏效。如何既能有效地使用实习生，又能降低用人单位的用工风险呢？

针对上述情况可以采用如下方法，例如：用人单位可以通过"校企

联合"的方式与学校签订长期实习协议，规定学校、企业和实习生三方的权利义务，明确实习生的法律地位以及学校的管理职责。实习协议应当包括实习期限、工作时间、实习岗位、实习生的具体专业要求、实习报酬、协议解除及终止的条件和后果等。对于一些细节问题，尤其是实习生的意外伤害或者其他类型的人身损害的责任承担问题，更需要双方做出明确约定。由于实习生的特殊法律地位，其与用人单位之间没有建立劳动关系，用人单位既不能为其缴纳社会保险费，也不能在其因实习工作中受到人身伤害时通过社会保险转移工伤风险。此时，实习生的人身损害只能按照最高人民法院《关于审理人身损害赔偿案件适用法律若干问题的解释》来分析用人单位是否应当承担相应的法律责任。由于校方同样对在校学生承担一定的监管责任，所以，如果实习生发生意外伤害，校方也要承担相应的法律责任。为了降低风险，建议校方或者用人单位为实习生购买意外伤害保险，并且在实习协议里约定双方的责任分担比例。

六十、医院保安与病亡人员亲属斗殴受伤能否认定为工伤

某医院因一病人突然死亡而引发医疗纠纷冲突。该医院保安周某在维持治安秩序时遭到死者亲属殴打，另一名保安陈某见周某被打，情绪失控，当即用刀刺伤了对方两名亲属，其中一人因伤势较重，就地接受抢救治疗，陈某自己也被对方打成轻伤。此事已被公安部门立案调查。同时，该院以陈某为履行工作职责为由，向劳动保障行政部门提出了工伤认定申请。那么，陈某的受伤情形能否认定为工伤？

该案中陈某的行为与可认定工伤的情形有一定的关联性，即"在工作时间和工作场所，因履行工作职责受到暴力等意外伤害的"，应当认定为工伤；同时，该案也与排除工伤认定的第一种情形有关联性，即"因犯罪或者违反治安管理伤亡的"，不能认定为工伤。因此，陈某能否认定为工伤，主要在于分析陈某的行为是属于履行工作职责受到的暴力伤害，还是属于因个人故意犯罪受到的暴力伤害。

本案中，医院保安人员负有维护医院正常秩序的职责，在死者亲属与

医院发生冲突时,应避免医院遭到人、财、物的损失,但履行该职责的基本前提是在合法的基础上进行。当保安人员感觉在自己能力范围内不能化解医院与患者之间的矛盾,且矛盾有进一步激化的可能时,应求助于公安、司法部门来介入。

但陈某的行为进一步导致事态恶化。根据《中华人民共和国刑法》(以下简称"《刑法》")中的犯罪构成四要素对之进行分析,从犯罪客体来看,陈某的行为直接侵害了死者家属的人身权;从犯罪的客观方面来看,陈某的行为客观上直接导致了死者家属人身受伤害的事实;从犯罪主体来看,陈某属于成年人,且不存在精神、心理上的疾病,即陈某属于完全刑事责任能力人;从犯罪主观方面来看,陈某当时有伤害对方亲属的主观故意,而且其行为本身不属于正当防卫和紧急避险的范畴。因此,陈某的行为符合《刑法》所规定的故意伤害罪的组成要件,属于犯罪行为。

本案中,劳动保障行政部门应当等待公安部门的侦查结果,以司法部门的最终判决来认定是否属于犯罪行为,如果属于犯罪,那么因犯罪行为导致的伤亡属于排除工伤认定的范围,不能认定为工伤。本案中,周某和陈某可以对打伤自己的死者家属提出刑事附带民事的起诉,要求赔偿其相关损失;同样,死者家属也可以对陈某提起诉讼。

六十一、与处于"三期"中的劳动者续延劳动合同必须采用书面形式吗

某公司与刘某签订了5年期的劳动合同。2008年4月,因刘某怀有身孕,休假待产,公司决定按照法律法规规定,将刘某的劳动合同顺延至2009年7月哺乳期结束时自动终止,并将通知与慰问品一并送到了刘某的家中。2009年6月劳动合同即将到期,公司却突然收到劳动争议仲裁委员会的应诉通知。原来,刘某向劳动争议仲裁委员会提出仲裁申请,要求公司向其支付2008年6月至2009年6月期间未签订书面劳动合同的两倍工资的请求。公司自然感到非常委屈,自认为公司对刘某完全是按照法律法规规定做的,并不存在过错,何以招致刘某提出劳动争议仲裁申请?

首先,《劳动合同法》第四十五条规定,"劳动合同期满,有本法第四

十二条规定情形之一的，劳动合同应当续延至相应的情形消失时终止"；第四十二条第四款中规定女职工在孕期、产期、哺乳期的，劳动合同应当续延至相应的情形消失时终止。因此，公司选择将劳动合同顺延至刘某哺乳期结束的做法是完全正确的，不会导致任何劳动争议。

其次，刘某提出两倍工资的要求又从何而来呢？主要来自于用人单位拖延订立书面劳动合同的法律责任。《劳动合同法》第八十二条规定，用人单位自用工之日起超过1个月不满1年未与劳动者订立书面劳动合同的，应当向劳动者每月支付两倍的工资。但是这一规定所述前提是公司在用工之日，即劳动关系建立之日未签订书面劳动合同。那么，公司没有与刘某书面续延劳动合同，属于用工之日未签订书面劳动合同还是其他情形？这个问题正是本案的焦点。案例中，公司顺延劳动合同期限是法定的顺延，这与一般情况下劳动合同双方在合同即将到期之前约定顺延合同至某一时间或约定以完成某项工作任务等情形消失截然不同。约定顺延劳动合同由用人单位与劳动者基于共同的意思表示主动完成，双方必须通过书面劳动合同明确权利义务；法定顺延是出现法定原因情况下的必然顺延，是用人单位不得不履行的法定责任。因此，用人单位只需在原劳动合同到期之时将劳动关系自动顺延至哺乳期结束再终止即可，而不是必须续签书面劳动合同或由此承担两倍工资的赔偿责任。

从公司的做法看，针对"三期"女职工劳动合同顺延的需要，用人单位应当在劳动合同到期时向劳动者送达书面通知或决定，告知其劳动合同因"三期"而顺延至哺乳期结束，并要求劳动者在书面通知上签收确认。如果用人单位在劳动合同或规章制度中对工资结构具有明确划分，并约定产假期间只发放基本工资的情况下，用人单位可以与"三期"职工续签一份法定顺延期间的劳动合同，在合同中明确说明职工在"三期"期间可以享受的假期、待遇、合同起止的日期等，明确双方的责任。

六十二、他们之间是否建立了劳动关系

2009年6月8日早上，现年50多岁的蒲某看到某公司张贴的急需招收部分新工人的招聘启事。于是蒲某就到用人单位要求报名。当日9点左

右，蒲某在公司车间内受伤。公司管理人员马上把受伤的蒲某送到医院治疗，经过住院治疗后蒲某出院。随后蒲某就申报工伤的问题与公司协商，但公司不承认蒲某是本单位的职工，拒绝为他申请工伤认定。于是，蒲某向劳动争议仲裁委员会申请仲裁，请求确认自己与该公司之间存在劳动关系。

庭审调查中，蒲某诉称，6月8日上午去公司报名后，公司安排自己到车间工作，后来受了伤，是公司把自己送往医院治疗的，并支付了医疗费，双方还没来得及签订书面劳动合同。公司辩称，因蒲某年龄较大不符合招聘条件，所以没有招用，他怎么会在车间里受伤公司也不清楚，公司是出于人道才将蒲某送往医院治疗的。

劳动争议仲裁委员会认为，蒲某是在该公司车间内受伤双方没有争议，公司辩称蒲某年龄较大不符合招聘条件，没有招用他，对此公司应负有举证责任。而该公司没有提交相关证据，应当承担举证不能的不利法律后果。同理，公司负有对本单位的管理责任，既然蒲某不属于该公司的人员，怎么会出现在公司车间工作现场，对此，该公司也负有举证责任。劳动者在用人单位处于弱势地位，因此，从保护劳动者的利益考虑，劳动争议仲裁委员会裁决支持了蒲某的仲裁请求。

六十三、如何预防非全日制用工中潜藏的法律风险

某公司于2003年聘请了一名下岗职工汪某担任公司楼道的保洁工作。按照要求，汪某每天在其他职工正式上班前工作两个小时，下午在其他职工下班后工作两个小时，按照每小时10元计发工资。就这样，几年来一直相安无事。但是最近，汪某突然找到公司人力资源部门，要求公司支付2008年以来没有签订书面劳动合同的两倍工资，并要求补缴自2003年以来的社会保险费。公司明确告诉她，公司和她之间建立的是非全日制劳动关系，并且明确要求每天工作不超过4个小时。但是汪某说，由于工作量大，她基本上每天下午工作时间都要4个小时，也就是说全天工作时间可能达到7个小时。因此，汪某主张和公司之间形成了事实劳动关系。公司

从来也没有给汪某做过考勤，也无法证明汪某每天具体的工作时间。

法律虽然规定了非全日制用工的劳动合同既可以是书面的，也可以是口头的，但这只是说明用人单位可以免除签订书面劳动合同的义务，并不代表关于劳动用工中有关工作时间、劳动报酬、社会保险、休息休假等涉及劳动者权益的约定全部口头化。该案中，用人单位就犯了这个大忌，当劳动争议发生时，用人单位就面临着无法举证的困难。因此，从风险预防的角度说，在事实劳动关系和非全日制用工的劳动关系之间，书面的用工协议就成为区分二者的直接证据。

此外，法律没有明确指出什么样的工作岗位可以使用非全日制用工，但是，一旦用人单位大量使用非全日制用工，就会面临职工队伍不稳定、商业秘密容易泄露等风险。如非全日制用工可以与一个或者一个以上用人单位订立劳动合同。虽然《劳动合同法》同时规定，后订立的劳动合同不得影响先订立的劳动合同的履行，但是用人单位在实际用工中很难取得后订立劳动合同影响先订立的劳动合同履行的证据，即使取得了这样的证据，法律上也没有明确的罚则，只能在造成损失的情况下要求索赔。所以，用人单位要在综合评定工作岗位、经营需要、发展方向、劳动者素质和用工成本等因素后，确定非全日制用工在用人单位用工形式中的比例和规模。

对用人单位来说，在使用非全日制用工的过程中，最令人头痛的恐怕还是非全日制用工劳动者的社会保险问题。根据原劳动保障部《关于非全日制用工若干问题的意见》（劳社部发〔2003〕12号），企业在向非全日制用工劳动者支付的工资中，应当包含了企业应缴纳的基本养老保险费和基本医疗保险费，以及个人应缴纳的社会保险费。非全日制工作的劳动者应当参加基本养老保险，原则上参照个体工商户的参保办法执行，并且可以以个人身份参加基本医疗保险。但是，鉴于工伤情形与工作单位的管理有关，因此，法律要求用人单位应当按照国家有关规定为建立劳动关系的非全日制劳动者缴纳工伤保险费。从事非全日制工作的劳动者发生工伤的，依法享受工伤保险待遇。

然而，在实践中，非全日制用工的工伤保险一直面临着尴尬的局面。这是因为，一方面各地对于非全日制用工缴纳工伤保险费没有具体政策；

另一方面近年来各地社会保险经办机构推行的"五险合一"的核定体系，客观上造成了非全日制用工单独缴纳工伤保险费无法实现。在此前提下，一旦从事非全日制工作的劳动者发生工伤，被鉴定为5～10级伤残的，经劳动者与用人单位协商一致，可以一次性结算伤残待遇及有关费用；但是如果被鉴定为1～6级伤残，按照《工伤保险条例》的规定，用人单位需要与劳动者保留劳动关系，劳动者退出工作岗位或者变更工作岗位，这些从事非全日制工作的劳动者的相关医疗费以及以后的生活费用等，由于没有工伤保险的兜底，恐怕只能成为用人单位无法回避的经济成本。

六十四、劳动合同应当具备哪些必备条款

劳动合同的必备条款是法律规定劳动合同必须具备的条款，它是生效劳动合同所必须具备的条款。必备条款的不完善，会导致劳动合同的不能成立。为了规范劳动合同条款，使一些内容能够被约定，《劳动合同法》第十七条规定劳动合同应当具备以下必备条款：

（1）用人单位的名称、住所和法定代表人或者主要负责人。这是新增加的规定，原因是这些内容是有关用人单位的基本情况，应当在劳动合同中明确。

（2）劳动者的姓名、住址和居民身份证或者其他有效身份证件号码。这是新增加的规定，是有关劳动者的基本情况。

（3）劳动合同期限。即劳动合同是有固定期限的、无固定期限的，还是以完成一定工作为期限的。固定期限劳动合同应当载明具体期限；以完成一定工作为期限的，应写明工作的项目。

（4）工作内容和工作地点。工作内容包括劳动者从事劳动的工种、岗位、生产或工作应达到的数量指标或应完成的任务以及对工作的质量要求和工作进度等，工作内容是判断劳动者是否履行劳动合同的依据。工作地点是要求劳动者提供劳动的场所，这是新增加的规定，原因是实践中劳动者的工作地点可能与用人单位住所地不一致，有必要在订立劳动合同时予以明确。

（5）工作时间和休息休假。这是对劳动者履行劳动合同的时间要求，

应明确用人单位实行的是标准工作时间，还是无定时工作时间，或是综合计算工作时间，并还应有加班加点等内容的规定。法律规定劳动者享有休息休假的权利，劳动合同应有劳动者休息休假的具体规定。工作时间和休息休假的约定要符合国家关于工作时间和休息休假立法的有关规定，不得非法剥夺劳动者的休息权。工作时间和休息休假条款也是新增加的规定，原因是为了在法定标准基础上，进一步明确该劳动者具体的工作时间和休息休假安排。

（6）劳动报酬。劳动报酬是劳动者劳动报酬权的具体体现，是劳动者基于劳动关系而获得的收入，包括工资、奖金、津贴、加班加点工资报酬等。劳动合同双方当事人约定的劳动报酬条款必须遵守国家强制性规定，约定的工资标准不得低于最低工资标准，不得低于集体合同约定标准。

（7）社会保险。社会保险是指具有一定劳动关系的劳动者在暂时或永久丧失劳动能力或在失业期间，为保障其基本生活需求，由国家和社会提供物质帮助的一种制度。我国的社会保险项目主要有养老保险、失业保险、医疗保险、工伤保险、生育保险。依法参加社会保险和缴纳社会保险费，是用人单位和劳动者的法定义务，无论用人单位与劳动者是否约定、如何约定，均应依法参加社会保险和缴纳社会保险费。增加社会保险必备条款的原因，是为了强化用人单位和劳动者的社会保险权利义务意识。

（8）劳动保护、劳动条件和职业危害防护。用人单位应当为劳动者提供劳动保护措施和劳动条件，包括劳动安全和劳动卫生方面的设施、设备、防护措施以及工作环境等，必须遵守国家强制性规定。《职业病防治法》规定：用人单位与劳动者订立劳动合同时，应当将工作过程中可能产生的职业病和危害及其后果、职业病防护措施和待遇等如实告知劳动者，并在劳动合同中写明，不得隐瞒或者欺骗。为了做好与《职业病防治法》以上规定的衔接，促进该条款的落实，《劳动合同法》中增加了职业危害防护的必备条款。

（9）法律、法规规定应当纳入劳动合同的其他事项。这是灵活规定，如果法律、法规规定有纳入劳动合同的其他事项的，在劳动合同条款中应当具备。

与《劳动法》的有关规定相比，《劳动合同法》取消了部分必备条款。一是取消了劳动纪律条款。原因是劳动纪律属于用人单位规章制度，《劳动合同法》第四条已经对用人单位制定、修改劳动纪律等规章制度的程序做出了规定，没有必要在劳动合同中由用人单位与劳动者个别约定。二是取消了劳动合同终止的条件条款。原因是为了防止用人单位规避劳动合同期限约束，随意终止劳动合同，《劳动合同法》取消了《劳动法》中有关用人单位与劳动者可以约定终止劳动合同的规定，明确劳动合同终止是法定行为，只有符合法定情形的，劳动合同才能终止。三是取消了违反劳动合同的责任条款。原因是为了防止用人单位滥用违约责任条款，《劳动合同法》规定只有在依法约定的培训服务期以及竞业限制条款中，用人单位才能与劳动者约定违约金。

向劳动者提供载明法律规定的必备条款的劳动合同文本是用人单位的法定义务，如不履行这一义务，用人单位将承担行政责任和赔偿责任。《劳动合同法》第八十一条规定，"用人单位提供的劳动合同文本未载明本法规定的劳动合同必备条款或者用人单位未将劳动合同文本交付劳动者的，由劳动行政部门责令改正；给劳动者造成损害的，应当承担赔偿责任"。

六十五、劳动者对用人单位提出的加班要求可以拒绝吗

安某是某公司的技术骨干，负责公司产品的售后服务及技术跟踪等工作。公司安排的工作强度比较重，仅仅设备演示和更新就占用了安某整个工作时间。2009年5月，安某的妻子怀孕，家里家外的事情全部落在安某一人身上。某日，因第二天要及时为客户送上新产品，部门总监要求安某当天晚上加班。安某一看还有半个小时就要下班，完成工作则至少需要两个小时，便拒绝了总监的安排。类似情况发生多次。那么，公司能否硬性安排安某加班？就安某拒绝加班的情况，公司按照"不服从工作安排"处理他，是否可行？

《劳动法》第四十一条规定，用人单位由于生产经营需要，经与工会

和劳动者协商后可以延长工作时间，一般每日不得超过 1 小时；因特殊原因需要延长工作时间的，在保障劳动者身体健康的条件下延长工作时间每日不得超过 3 小时，每月不得超过 36 小时。原劳动保障部《关于贯彻执行〈中华人民共和国劳动法〉若干问题的意见》（劳部发〔1995〕309号）第七十一条规定，协商是企业决定延长工作时间的程序，企业确因生产经营需要，必须延长工作时间的，应与工会和劳动者协商。协商后，企业可以在《劳动法》限定的延长工作时数内决定延长工作时间，对企业违反法律法规规定强迫劳动者延长工作时间的，劳动者有权拒绝。

法律同时规定了不受以上规定约束的一些情形，即无须进行协商，劳动者必须加班的情形：①发生自然灾害、事故或者因其他原因，威胁劳动者生命健康和财产安全，需要紧急处理的；②生产设备、交通运输线路、公共设施发生故障，影响生产和公众利益，必须及时抢修的；③在法定节日和公休假日内工作不能间断，必须连续生产、运输或者营业的；④必须利用法定节日或公休假日的停产期间进行设备检修、保养的；⑤为完成国防紧急任务的；⑥为完成国家下达的其他紧急生产任务的；⑦法律、行政法规规定的其他情形。

依据上述规定，安排加班并不是法律赋予用人单位的"权利"。本案中，公司要求安某加班的原因不符合上述几种必须加班的特殊情形，因此安某有权对公司的加班安排予以拒绝。如果安某能够完成其正常工作时间内的本职工作，公司仅仅对安某拒绝公司临时安排的加班，就划归为"不服从工作安排"属于违纪行为，并以此解除劳动合同，会面临法律风险。

六十六、兼职劳动者与用人单位之间建立的是否是劳动关系

所谓兼职，从法律意义上可以理解为双重劳动关系，表现为某劳动者与一家用人单位之间形成全日制劳动关系，同时与另一家用人单位形成了兼职劳动关系。因此，兼职是相对于已经存在的第一个劳动关系而言。那么，是否所有的兼职都可以理解为双重劳动关系呢？

第一，兼职行为从法律意义上说，劳动者同时可以与一个或者一个以上的用人单位建立劳动关系。从传统的观点出发，由于人身属性的唯一性，因此，在一个相对的空间、时间内，劳动者只能与一家用人单位形成劳动关系，如果同时为其他单位提供劳动的，那么与其他单位的关系界定为劳务关系，而非劳动关系。《劳动合同法》第三十九条第（四）项规定，劳动者同时与其他用人单位建立劳动关系，对完成本单位的工作任务造成严重影响，或者经用人单位提出，拒不改正的，用人单位可以与其解除劳动合同。从该规定可以看出，劳动者工作之余兼职与其兼职单位建立的是劳动关系，该劳动关系法律是不禁止的，用人单位可以对本单位劳动者的兼职行为进行管理。因此，《劳动合同法》的实施，等于从法律上认可了双重劳动关系或多重劳动关系。

第二，兼职行为并非必然导致劳动者与第三方形成劳动关系。兼职的劳动者是否与用人单位形成劳动关系，关键在于双方是否具备构成劳动关系的必然要素。劳动关系基于其人身属性，其必然要素就是用人单位与劳动者之间形成制度上的管理与被管理的关系，即劳动者提供劳动的过程以及结果需要在用人单位提供的场所，按照用人单位的要求与进度来完成。因此，如果劳动者在自己家里为第三方提供劳动，那么在法律上构不成劳动关系；如果劳动者与用人单位之间形成的属于专家顾问、技术咨询服务等关系的，那么基于提供劳动服务过程的独立性，双方应当属于民事合同关系而非劳动关系；如果劳动者为第三方担任兼职董事等管理监督的职位，由于其在法律上受股东的委托，而不受公司制度的约束，那么，也构不成劳动关系。

第三，兼职的双重劳动关系与社会保险关系在实践中存在冲突。在正常的情况下，养老、失业、医疗、生育四项保险只要有一家用人单位为劳动者办理，劳动者就能享受相应的待遇。目前冲突的核心在于工伤保险关系，原劳动部在2004年颁布并实施的《关于实施〈工伤保险条例〉若干问题的意见》中规定，"职工在两个或两个以上用人单位同时就业的，各用人单位应当分别为职工缴纳工伤保险费。职工发生工伤，由职工受到伤害时其工作单位依法承担工伤保险责任"。该意见从法律上规定了劳动者在多重劳动关系下，可以建立多重的工伤保险关系。但是，在实践操作中，由于很多地方实行的是社会保险"五险合一"的缴费方式。这样的缴费方式就导致了劳动者外出兼职时，第三方用人单位无法为其办理工伤保险，即劳动者兼职的工伤风险在操作中无法得到保障。

而且，由于《工伤保险条例》第三十五条、第三十六条、第三十七条分别规定了1～4级工伤、5～6级工伤、7～10级工伤，不同的工伤等级之间的工伤待遇存在比较大的差异。如果劳动者在提供兼职劳动的过程中发生了1～4级的工伤，依据《工伤保险条例》的规定，劳动者应当保留劳动关系，退出工作岗位，由用人单位为其继续缴纳医疗保险费，这样就出现劳动者可否在同一地区建立双重医疗保险的问题。同样，对于兼职的劳动者，其发生工伤之后，其兼职的劳动关系也当然受法律的保护，因此，就会出现1～6级工伤劳动者的劳动关系无法解除或终止的情形。

六十七、用人单位能否向劳动者收取"押金"

收取押金的用人单位主要集中在餐饮、住宿、矿山等少数行业中，这些行业从业人员的主要特点是为数众多、流动性大，人员素质参差不齐，这些特点决定了用人单位必须面对可能不断发生的各种损失问题。其中，比较有代表性的是餐饮业从业人员跳槽以及由此带来的损失等问题。如某餐饮企业的服务员工作几天后突然不辞而别，用人单位为其量身定做的工作服装及一些财务款项未归还，导致该餐饮企业财产损失。再如某餐饮企业厨师长在劳动合同期间欲跳槽至另一家餐饮企业谋取高薪，但是由于现用人单位无法及时招聘到相应人员，遂告诉该厨师长履行提前30日告知义务。该厨师长心怀不满，在30日告知结束前将其所负责菜系的大量原料启而不用，导致用人单位遭受财产损失。

上述案例中，虽然根据法律法规规定用人单位可以获得劳动者的赔偿，但是用人单位的维权往往受到各种实际条件的限制，一是劳动者流动性大，居无定所无法及时追偿；二是用人单位限于自身管理漏洞及行业特点，损失发生后无法进行有效举证；三是即使经公安机关立案侦破，但最后得到的赔偿与投入相比，得不偿失。这样，许多用人单位不得不放弃维权，转而冒违反法律法规的风险收取押金，以求规避经营风险。

对于如何能使用人单位在不收取押金的同时避免由此带来的经营风险，目前尚无行之有效的办法。这里有三种解决方案，可供用人单位借鉴。

一是建议存在用人风险的用人单位实行绩效工资制，视本企业实际情况自行制定绩效考核周期。这样，用人单位虽然没有收取押金，但一样可以通过绩效考核机制将收取押金所起到的作用发挥出来，缺点在于此举仍然无法避免用人单位在职工入职初期所要面对的财物损失问题。

二是将民法中的"第三方经济担保"引入到劳动合同关系中来。比如，双方可协商向无利害关系的第三方各自缴纳同等数额的风险抵押金，而后双方在均没有违约的情况下于合同期满或者协商一致解除劳动合同时，可以同时退还风险抵押金；如果用人单位单方违约，除应当承担劳动保障法律法规规定的责任外，还需要承担双方风险抵押金内所要求的担保责任，这样可使用人单位的抵押金向劳动者支付违约赔偿；反之，如果劳动者出现违约行为，也可如此向用人单位支付相应的违约赔偿。但是，对第三方概念的引入，目前没有法律依据和统一的操作实例。

三是作为解决用人单位收取押金问题的长效方法，可以考虑建立实施用人单位与劳动者的劳动关系诚信评价体系，将其管理纳入人力资源和社会保障部门的工作中，并接受社会公众的查询。通过建立诚信评价体系约束社会成员行为受到越来越多的重视。从长远来看，通过让用人单位和劳动者为自己的不诚信甚至是违法行为"买单"警醒劳资双方，既可以弥补法律的不足，又有利于构建和谐稳定的劳动关系。

六十八、劳动者整体划转为劳务派遣工时，劳动关系如何承继

某公司于 2009 年 6 月将全体职工整体移交给一家劳务派遣公司，由派遣公司与这些劳动者签订书面劳动合同。这些劳动者之前与该公司没有签订解除劳动关系的协议，在移至劳务派遣公司时也未给予一次性经济补偿金。在整体转移时，有 4 人在公司工作时间已经超过 10 年以上。对此，该公司派人咨询了一些律师，但是律师的观点也不相同，有的认为新的劳

动合同一经签订，就没有问题了；有的认为历史遗留问题仍然存在法律风险。那么，劳动者整体划转为劳务派遣工时，劳动关系应当如何承继？

关于原用人单位的劳动者整体划转给劳务派遣公司的行为，本身属于法律所不鼓励的。这种情况下，整体划转导致的劳动关系转移，属于由用人单位安排劳动者的劳动关系的转移，如果用人单位在划转之前没有向这些劳动者支付经济补偿金，那么依据《劳动合同法实施条例》第十条的规定，"劳动者非本人原因从原单位被安排到新用人单位工作的，劳动者在原用人单位的工作年限合并计算为新用人单位的工作年限。原用人单位已经向劳动者支付经济补偿的，新用人单位在依法解除、终止劳动合同计算支付经济补偿的工作年限时，不再计算劳动者在原用人单位的工作年限"。因此，在之后计算经济补偿金时，应当根据其在前后两家用人单位的工作年限来计算。

在这种前提下，劳动者在转为劳务派遣工之后，如果派遣协议到期，并依据派遣协议的约定，劳动合同期满可以退回劳务派遣公司的，那么用人单位可以予以退回，由劳务派遣公司予以解除合同或派遣到其他单位。但是，由于部分劳动者连续工作年限在10年以上，他们可以要求与劳务派遣公司签订无固定期限的劳动合同。如果劳务派遣公司不愿意承担无固定期限劳动合同的责任，最终导致劳动合同的违法解除或者终止，这种违法责任则由原用人单位与劳务派遣公司承担连带赔偿责任，被派遣的劳动者可以直接起诉原用人单位与劳务派遣公司，那么，原用人单位将承担违法解除劳动合同的责任。如果原用人单位与劳务派遣公司签订的派遣协议中有关于解除劳动合同的责任分担条款，那么，原用人单位如果承担了上述责任，可以向劳务派遣公司追索。如果派遣协议中没有约定，仲裁裁决或者法院判决原用人单位承担的，则原用人单位应当独自承担。

因此，即使原用人单位将劳动者全部整体转移，仍然无法避免拒绝签订无固定期限劳动合同带来的风险与法律责任。

六十九、哪些情形能够签订无固定期限劳动合同

除了双方可以协商约定签订无固定期限劳动合同外，为了保护劳动者

的职业稳定权，《劳动合同法》第十四条规定，有下列情形之一，劳动者提出或者同意续订、订立劳动合同的，除劳动者提出订立固定期限劳动合同外，应当订立无固定期限劳动合同：

（1）劳动者在该用人单位连续工作满10年的。这是对在用人单位工作年限较长的劳动者，给予职业安全稳定的特殊待遇。

（2）用人单位初次实行劳动合同制度或者国有企业改制重新订立劳动合同时，劳动者在该用人单位连续工作满10年且距法定退休年龄不足10年的。对这种双"十"职工，应当订立无固定期限劳动合同，这是为了强化用人单位签订书面劳动合同的法律意识和法律义务，保护国有企业改制过程中年龄相对较大、工作年限较长的劳动者的就业权而做出的规定。

（3）连续订立二次固定期限劳动合同，且劳动者没有《劳动合同法》第三十九条和第四十条第（一）项、第（二）项规定的情形，续订劳动合同的。劳动者没有这两条规定的情形，就是指劳动者没有违规、违纪、违法的情形，没有患病、负伤、不能胜任工作的情形，即在遵纪守法、努力工作的情况下，已经连续两次签订固定期限劳动合同，在工作期间能够胜任工作的情况下，提出要续订劳动合同的时候，规定用人单位和劳动者应当签订无固定期限的劳动合同是合理的，有利于解决劳动合同短期化现象。劳动者有下列情形的除外，在试用期间被证明不符合录用条件的；严重违反用人单位的规章制度的；严重失职，营私舞弊，给用人单位造成重大损害的；劳动者同时与其他用人单位建立劳动关系，对完成本单位的工作任务造成严重影响，或者经用人单位提出，拒不改正的；因以欺诈、胁迫的手段或者乘人之危，使对方在违背真实意思的情况下订立或者变更劳动合同致使劳动合同无效的；被依法追究刑事责任的；劳动者患病或者非因工负伤，在规定的医疗期满后不能从事原工作，也不能从事由用人单位另行安排的工作的；劳动者不能胜任工作，经过培训或者调整工作岗位，仍不能胜任工作的。

另外，用人单位自用工之日起满一年不与劳动者订立书面劳动合同的，视为用人单位与劳动者已订立无固定期限劳动合同。这是为了强化用人单位订立劳动合同的法律意识和法律义务。在用人单位自用工之日起不与劳动者签订书面劳动合同，而形成事实劳动关系满一年后，该事实劳动关系自动转化为无固定期限劳动合同。

七十、劳动者休假期满未返岗上班应当如何处理

某劳动者于2009年7月31日休假结束，在未办理任何续假手续的情况下到2009年8月7日未返岗上班，也未与单位联系。根据用人单位《管理手册》相关条款，休假期满后不办理续假手续或续假未准5天（含5天）以上不到岗的，属于严重违反劳动纪律的行为，可予以解除劳动合同。该劳动者所在部门据此建议给予该劳动者解除劳动合同，但用人单位要求先送达限期上班通知，再视情况处理。于是用人单位于2009年8月8日将限期上班通知送达给该劳动者，并要求该劳动者在送达回执上签字。3天后该劳动者返回单位。

针对劳动者休假期满未归而造成的严重违反用人单位规章制度的行为，如果用人单位通知劳动者上班，是否就不能按规定解除劳动合同？因该劳动者2009年8月1日至8月10日未上班，用人单位可否据此按严重违纪解除劳动合同？

劳动者在劳动关系履行期间有依法休假的权利，休假期满结束回到用人单位报到上班，也属于劳动者应尽的义务。如果因为身体原因或者其他原因无法工作的，应当通过电话或者电子邮件等方式履行向用人单位请假的手续。在没有请假的情形下，期满未归的，可以按照旷工来处理。对于旷工行为的处理，主要依据用人单位的规章制度来进行。依据该用人单位的规章制度，劳动者旷工5天以上的可以解除劳动合同，那么用人单位有权直接对其解除劳动合同。

用人单位提出的处理方式是从管理的角度出发，即先通知该劳动者限期到单位报到上班。但该劳动者按照用人单位的通知报到上班，并不影响对其8月1日至8月10日旷工行为的定性，也并不影响对其进行旷工的处理。所以在8月11日用人单位对该劳动者做出解除劳动合同的处理，仍然具有制度依据，也符合法律法规规定。

七十一、服务基金能否约束劳动者离职

某用人单位计划从某大学招聘两名应届毕业的硕士研究生,并为招聘的劳动者办理当地户口。用人单位往年也曾为招聘的应届毕业生办理当地户口,但是落户不久劳动者就纷纷辞职。为了避免再次出现这种情况,人力资源部经理想出了这样一个办法,在用人单位与将要办理当地户口的劳动者的劳动合同中约定每月工资中的10%作为服务基金,由用人单位代为保管,待劳动合同到期时一次性向劳动者发放。这样一来,既可以防止劳动者违反劳动合同的服务期限约定,也可以在劳动者违反约定时减少用人单位的损失。这个办法能否起到预期的效果呢?

原劳动保障部《关于〈中华人民共和国劳动法〉若干条文的说明》第五十条规定,不得克扣或者无故拖欠劳动者的工资。"克扣"是指用人单位对履行了劳动合同规定的义务和责任、保质保量完成了生产工作任务的劳动者,不支付或未足额支付其工资。由此可见,在没有法律法规明确授权或许可的情况下,用人单位自行做出的扣减劳动者工资报酬的行为都将被认定为"克扣工资"的范畴。案例中,用人单位打算将新招聘劳动者每月工资的10%作为服务基金,待一定条件满足后一并发放,显然给这部分工资报酬披上了担保的色彩。根据《劳动合同法》第九条的规定,用人单位招用劳动者,不得要求劳动者提供担保或者以其他名义向劳动者收取财物。因此,该约定会因缺乏法律依据或违背法律规定而归于无效。

如果用人单位采取这一办法,根据《劳动合同法》、《违反和解除劳动合同的经济补偿办法》等规定,用人单位将有可能承担以下法律风险与后果:

(1)用人单位拖欠或者未足额支付劳动报酬的,劳动者可以依法向人民法院申请支付令,人民法院应当依法发出支付令。

(2)劳动者可以随时解除劳动合同,用人单位应当向劳动者支付经济补偿金。

(3)用人单位除在规定的时间内全额支付劳动者工资报酬外,还需加发相当于工资报酬25%的经济补偿金。

（4）用人单位违反《劳动合同法》的规定，以担保或者其他名义向劳动者收取财物的，由劳动保障行政部门责令限期退还劳动者本人，并以每人500元以上2 000元以下的标准处以罚款。给劳动者造成损害的，应当承担赔偿责任。

（5）由劳动保障行政部门责令限期支付劳动报酬、加班费或者经济补偿金；逾期不支付的，责令用人单位按应付金额的50%以上100%以下的标准向劳动者加付赔偿金。

因此，这一做法不仅不能为用人单位吸引并留住人才，反而会给人力资源管理带来很大的风险。相反，为劳动者提供业务技能培训，并通过培训协议约定服务期限与违约责任；为刚踏入社会的劳动者提供能够发挥其潜能、肯定其价值的工作平台与锻炼机会，并给予适当的激励措施，才是用人单位做好人力资源管理工作的长远之计。

七十二、劳动者两次进入同一用人单位，试用期如何计算

劳动者离职后，再次进入原来的用人单位，也就是通常所说的同一个劳动者再次进入同一个用人单位，那么，试用期如何计算？吴某最近就遇到了这个问题。一心想报考公务员的他在某用人单位工作一年后，果断辞职专心在家备考。可是半年后，公务员考试失败的他再次来到人才市场，又看到原用人单位在招聘劳动者，于是吴某重新成为该用人单位的职工。双方签订了劳动合同，合同上面写着，试用期两个月，劳动合同期限两年。吴某认为，自己已经在该用人单位工作过1年了，没有必要再次约定试用期。公司则认为，吴某离职半年多了，现在这个工作岗位虽然与他原来的工作岗位相近，但毕竟是有新内容的，他原有的技能是否已经生疏、是否能适应新的环境和工作都需要重新考察。而吴某认为目前的工作岗位虽说工作内容与原来不尽相同，但性质是一样的，自己已经得到原用人单位的认可重新入职，再约定使用期是滥用试用期的规定，于是向劳动人事争议仲裁委员会提出仲裁申请。劳动人事仲裁委员会受理后，经审理，裁决支持了吴某的仲裁请求。

劳动人事争议仲裁委员会做出裁决的依据是《劳动合同法》第十九条，即同一用人单位与同一劳动者只能约定一次试用期。这是因为，试用期是指用人单位对新招收的劳动者的思想品德、劳动态度、实际工作能力等情况进行进一步考察的时间期限。在原工作中，用人单位对于这些情况都已经清楚了，所以不得再次约定使用期。

七十三、劳动合同签订单位与工资发放单位不一致，劳动关系如何确定

A公司是某集团公司的下属单位，A公司的一位劳动者与A公司的子公司签订了劳动合同。但是该劳动者又在A公司工作，工资也由A公司发放。那么，该劳动者和哪个单位具有劳动关系？该劳动者的社会保险费该由哪个单位承担？发生劳动争议时应该由哪个单位应诉？

从劳动保障法律法规的规定看，用人单位与劳动者建立劳动关系，意味着同时与该劳动者建立了社会保险关系、工资关系、人事管理关系，因此，从常态上看，这四种关系的主体应该是统一的。但是，实际上的劳动用工又存在一定的复杂性与多样性，随着人事代理或人事外包业务的发展，部分用人单位开始委托独立的第三方机构为其职工代缴社会保险费、代管人事关系，于是就出现了社会保险关系、人事关系与劳动关系的脱离。如何从法律上理顺该情形下的四种关系，一般应从以下方式着手：

第一，该劳动者可以通过借调的方式来解决，即由A公司、与该劳动者签订劳动合同的子公司、该劳动者三方签订一份借调协议，约定工资由A公司支付。由A公司从其工资中代扣其个人应当缴纳的社会保险费，与A公司应当缴纳的社会保险费一起每月转交给子公司，由子公司为其缴纳各项社会保险费。对于这种借调的方式，该劳动者与A公司的子公司之间具有劳动关系，与A公司之间是劳务关系，发生劳动争议，应由A公司的子公司来出面解决，但是涉及A公司的也需要由A公司出面。

第二，如果A公司确实需要该劳动者，那么就将该劳动者的人事关系直接转入到A公司，由A公司与其签订劳动合同，并为其接续社会保险关系，缴纳社会保险费。

第三，如果该劳动者与 A 公司的子公司之间的劳动合同已经逾期，而 A 公司仍然继续在用，那么则属于跟 A 公司之间形成了新的劳动关系，应当由 A 公司为其缴纳社会保险费、支付工资。

七十四、辞退年薪制劳动者的经济补偿金如何计算

石某与某公司签订了自 2010 年 1 月 1 日起为期一年的劳动合同。合同约定石某的薪酬实行年薪制，全年薪酬 150 000 元。每月只发放工资中的 11 500 元，剩余的 1 000 元在年末目标任务完成之后发放。2010 年 6 月，因石某所在部门整体业务下马，公司决定与该部门 4 名劳动者全部协商解除劳动合同。石某提出应当按照月薪 12 500 元的标准向其支付解除劳动合同的经济补偿金，而且要求公司将从 1 月份至离职时未发放的 6 000 元一并支付。对于石某的要求，公司有些困惑，石某的经济补偿金到底应该按照什么标准计算？6 000 元是否也要一并发放？

首先，需要明确的是石某与公司签订的劳动合同中就有关薪酬的约定是否有效。年薪制是一种国际上较为通用的支付企业经营者薪酬的方式，主要用于公司高级管理人员的收入发放。年薪通常包括基本收入和效益收入两部分，其中效益收入会因用人单位完成指标的情况上下浮动，因此又称风险收入。如果在签订劳动合同时双方就约定实行年薪制，并对收入的构成和项目予以明确划分和具体说明，双方的约定合法有效。

其次，工资的构成与性质在双方签订劳动合同时已经确定，石某的收入就应当按照合同约定标准执行并计发。按照合同约定，石某的基本收入每月为 11 500 元，其余部分收入的获得要取决于年终任务的完成情况，不属于正常工作即可获得的报酬范围，具有风险收入的性质。《劳动合同法实施条例》第二十七条规定，经济补偿的月工资按照劳动者应得工资计算，包括计时工资或者计件工资以及奖金、津贴和补贴等货币性收入。按照《劳动合同法》第四十七条的规定，经济补偿金所依据的月工资是指劳动者在劳动合同解除或者终止前 12 个月的平均工资。石某在公司工作不满 6 个月，公司需要向其补偿月工资的一半，也就是 5 750 元。剩下

每月 1 000 元的工资是以年度目标任务完成作为条件，在此年度没有结束之前，考核周期也就尚未结束，不具备完成年度目标任务的前提，因此，不存在支付未支付工资的条件，石某基本收入以外的部分不应当计入经济补偿金的基数。因此，6 000 元薪酬是否为石某所谓的"应发未发"工资，还需要通过绩效考核的结果加以认定。双方在劳动合同中约定年底任务完成时将剩余部分一并发放。

七十五、如何认定严重违反用人单位的规章制度

史某是一家用人单位的厨师长，月薪近万元。2011 年 5 月，用人单位以史某在工作中违反操作规程，致使 20 多条海参无法使用以及 170 个蛋白需要重新加工，造成直接经济损失 600 余元为由，依据《职工手册》中"严重违反单位规章制度"这一条款解除与史某的劳动合同。史某不服，向劳动人事争议仲裁委员会提出仲裁申请，要求该用人单位支付违法解除劳动合同的赔偿金 40 000 余元。

《劳动合同法》第三十九条规定，劳动者有严重违反用人单位规章制度行为的，用人单位可以解除劳动合同。虽然法律赋予用人单位这一权利，但并不能因此就认为，在劳动者违规行为发生后，用人单位可以任意认定劳动者的行为是"严重违反用人单位规章制度"。

制度和法律是对人们行为的一种规范。既然是规范，那么，用人单位在制定规章制度时内容必须具体明确，特别是对"严重违反用人单位规章制度"的条款必须细化，使其在实践中具有可操作性。当然，违反用人单位规章制度是否达到严重程度、什么样的行为和情形属于严重违反用人单位规章制度，应当根据行业及岗位的不同特点，由用人单位来判断。但该判断应当符合公序良俗，符合单位一般职工的判断，同时以制度的形式明确下来。对给用人单位造成经济损失达到何种数额才构成重大损害，也应结合单位经营成本、利润收益以及职工平均工资水平等相关因素合理确定并在规章制度中加以明确。

本案中，该用人单位对于一个月薪近万元的厨师长仅仅因为 600 余元的损失就与其解除劳动合同，处理显然是过重的。同时，该用人单位单方

面解除劳动合同的法律依据也不充分，因此，该用人单位与史某单方解除劳动合同，应属于违法解除。

现行法律法规对用人单位制定规章制度，特别是涉及解除、终止劳动合同的规章制度时，内容条款明确、具体与否并没有明确要求，这会导致一些用人单位的规章制度过于笼统，缺乏标准和纲纪规范感，不具有操作性。因此，法律法规不仅对用人单位规章制度的制定程序要有明确要求，同时还要对制度内容必须明确具体提出要求。

七十六、劳动者讨要拖欠工资应当注意什么事项

2011年7月，信某来到一家单位担任主厨，双方未签订书面劳动合同。该单位实际上是承包经营的，当时信某与其协商的工资是月薪3 600元。干到同年9月底，由于该单位经营不善，单位负责人终止了承包经营合同。信某辛辛苦苦干了3个月，却只拿到第一个月的劳动报酬，信某多次索要剩下的两个月工资，但该负责人均以各种理由推脱。双方甚至因索要工资发生纠纷，经派出所干警出面调停，才未酿成更大的不利后果，但信某剩余的两个月的工资依然没有着落。

面对这种状况，在双方当事人对支付工资数额没有争议的情况下，信某应当在法定时效内到劳动保障监察机构投诉。倘若存在争议，信某则应当到劳动人事争议仲裁委员会提出仲裁申请。

遇到这种情况，劳动者进行维权要注意以下几点：

第一，该负责人是以自然人的身份承包经营的，根据最高人民法院《关于审理劳动争议案件适用法律若干问题的解释》（2001年）以及其他有关规定，申诉人应当将企业法人列为被申诉对象。如果到人民法院起诉时，还应当将发包人、承包人同时列为被告。因此，信某需要获得对方两当事人准确的基本信息。

第二，因为双方未签订书面劳动合同，所以，无论是通过劳动保障监察、劳动人事争议仲裁或者民事诉讼途径解决这个问题，都需要确凿、有力、合法的证据。信某应当收集足以证明双方当事人之间存在劳动关系以及在该用人单位工作时限的相关证据。证据包括物证、书证、视听资料、

证人证言、公安干警的调解笔录等。

第三，如果是用人单位原因导致双方未签订书面劳动合同，信某还可以自到该用人单位工作的第一天起，直至承包经营结束的实际月数，申请裁决该用人单位支付未签订书面劳动合同的两倍工资。

第四，非劳动者本人原因，用人单位提出解除劳动关系，致使劳动合同不能履行，根据《劳动合同法》第四十六条、第四十七条的规定，信某还可以申请裁决该用人单位支付其半个月工资的经济补偿金。

七十七、如何支付女职工"三期"的工资

高某在一家用人单位工作五年多，2010年被提升为副总经理，2011年8月份生了孩子。产假结束后，单位以高某4个月产假没有上班为由扣发了其2/3的工资。高某觉得单位的做法很不公平，于是要求单位补发所扣的工资。那么，女职工孕期、产期、哺乳期的工资到底应该按照什么标准支付？

女职工"三期"内的工资待遇标准，是人力资源管理过程中经常遇到的问题。《女职工劳动保护规定》第四条规定，"不得在女职工怀孕期、产期、哺乳期降低其基本工资，或者解除劳动合同"。因此，该用人单位的做法是错误的。这里的"基本工资"是指按规定的标准或者劳动合同约定的标准计发的工资，包括岗位工资等固定部分。

至于具体的工资支付标准，则需要分段来看。

第一，怀孕期间。《女职工劳动保护规定》第七条规定，"怀孕的女职工，在劳动时间内进行产前检查，应当算作劳动时间"。即劳动者因产前检查依法休假的，用人单位应当视同其正常劳动支付工资。因此，女职工孕期请假在医疗机构检查时的工资待遇，用人单位也不能扣除。检查费、治疗费等可以由生育保险支付或报销。

第二，产期。产假期间的工资待遇也是连同用人单位是否为职工缴纳生育保险费综合考虑的。在用人单位参加了生育保险的情况下，按照《企业职工生育保险试行办法》的规定，女职工产假期间的生育津贴按照本企业上年度职工月平均工资计发，由生育保险基金支付。生产期间发生

的接生费、手术费、住院费和药费等也可以由生育保险基金列支。如果该用人单位已经为女职工发放了工资，生育津贴则可以由用人单位代为领取，以充抵已经支付的工资。但是如果用人单位没有参加生育保险，应当按照《女职工劳动保护规定》和1988年原劳动部《关于女职工生育待遇若干问题的通知》规定，在正常产假期间照发女职工的工资。

第三，哺乳期工资。哺乳期是产假之后的一个时间段，在这段时间，女职工是需要正常上班的，但是每天可以享受1个小时的哺乳时间，而且不包括路途的时间。因此，女职工处于哺乳期间，用人单位也须严格按照劳动合同约定的薪酬水平支付工资待遇，不能擅自降低和减少。

七十八、除名、开除还是解除劳动合同

2009年6月12日，某公司职工燕某，在未向公司请假的情况下擅自离开工作岗位，直至7月底才返回。公司认定燕某的行为属无正当理由连续旷工超过15天，并根据公司规章制度，决定对燕某予以"除名"。2009年8月3日，在公司全体职工大会上，公司经理宣布了对燕某的"开除"决定。燕某对该决定不服，向劳动争议仲裁委员会提出仲裁申请。劳动争议仲裁委员会经审理后，支持了燕某的仲裁请求，裁决该公司"开除决定"无效。

公司负责人认为，燕某无故旷工的事实清楚，其行为已经符合法律和用人单位规章制度开除的标准，公司对燕某做出的开除决定并无不当。那么，究竟是什么原因导致用人单位败诉的呢？

除名是用人单位根据《企业职工奖惩条例》（国发〔1982〕59号）的规定，由用人单位提出与无正当理由旷工的职工终止劳动关系的一种处理方式。除名的条件是：①职工经常旷工没有正当理由；②经批评教育无效；③达到规定的旷工天数，即连续旷工时间超过15天，或者一年内累计旷工时间超过30天。

而开除是根据《企业职工奖惩条例》的规定，对犯错误的职工做出的一种最严厉的行政处分形式，主要包括以下几种情况：①被判刑并入狱服刑的；②二次劳教被注销城市户口的；③留用察看期间表现仍然不好

的；④严重犯有《企业职工奖惩条例》第十一条所列七项错误行为之一的。用人单位对开除决定的处理必须依照程序严格执行。

要特别强调的是，用人单位对违纪、违法职工享有的"除名"和"开除"权，均是依照《企业职工奖惩条例》的规定，而该条例已于2008年1月15日废止，如果用人单位现行的规章制度中仍规定"除名"或"开除"等相关条款，以"除名"或"开除"的名义对职工做出处理决定，一旦职工申请劳动争议仲裁，往往因用人单位的规章制度陈旧于法无据，而承担败诉的风险。因此，用人单位应将《劳动法》第二十五条、《劳动合同法》第三十九条和第四十条作为用人单位可单方解除劳动合同的法律依据。

七十九、怎样向人民法院申请欠薪支付令

支付令程序又称为督促程序，是指人民法院根据债权人提出的要求债务人给付一定金钱或者有价证券的申请，向债务人发出附有条件的支付令，以催促债务人限期履行义务；如果债务人在法定期限内不提出异议又不履行支付义务的，则该支付令具有强制执行力的一种程序。这种程序机制的最初设置是在我国《民事诉讼法》里面，其所适用的主体及法律关系一般都仅是民事法律关系，《劳动合同法》引用设置了这一程序机制。

《劳动合同法》第三十条规定，"用人单位拖欠或者未足额发放劳动报酬的，劳动者可以依法向当地人民法院申请支付令，人民法院应当依法发出支付令"。这一法律规定的出台，使劳动者的司法维权手段继仲裁与诉讼之后，又多了一个新的选择。

但是，遭受欠薪的劳动者向人民法院申请支付令时，仍然要注意几个因素，才能保证及时有效地获得司法援助。

第一，需要注意申请支付令的条件。根据《劳动合同法》的有关规定，劳动者与用人单位之间必须建立了劳动关系，并且有确凿的证据。根据《民事诉讼法》的有关规定，劳动者向人民法院申请支付令，需要符合两个条件：一是劳动者和用人单位之间没有其他债务纠纷；二是支付令能够送达用人单位。只有这些条件同时具备的，才可以向人民法院递交申

请书。

第二，需要注意申请、发出支付令的程序。劳动者必须向人民法院递交书面《工资支付令申请书》。在申请书中应当写明请求支付工资的数额以及事实和理由，附带相关的证据。人民法院将在5日内通知劳动者是否受理。如果劳动关系明确、事实清楚、证据充分，人民法院会优先受理。人民法院在15日内对劳动者提供的资料进行审查，符合条件的，向用人单位发出支付令；申请不成立的，予以驳回。根据法律规定，用人单位自收到支付令的15天内应当向劳动者支付工资，有异议的向人民法院递交《支付令异议申请书》。人民法院收到用人单位《支付令异议申请书》后，裁定终结支付令程序，此时支付令失效，劳动者可进入调解、仲裁或起诉程序。用人单位在收到支付令15天内既不向人民法院提出异议又不履行支付令的，劳动者可向人民法院申请强制执行。根据《民事诉讼法》第一百零二条、一百零四条，用人单位拒不履行义务的，人民法院可对其主要负责人或直接责任人罚款、处以15天以下拘留，构成犯罪的依法追究刑事责任。

工资支付令与其他程序比较有着如下优势：

一是快捷。人民法院受理申请后，经审查合格合法的，应当在受理之日起15日内向债务人发出支付令；而债务人应当自收到支付令之日起15日内清偿债务，或者向人民法院提出书面异议。以上法律规定的时限从申请到终结最多30日，明显快于仲裁与诉讼的时限。

二是低成本。根据人民法院诉讼收费标准规定，申请支付令，比照财产案件受理费标准的1/3缴纳。

三是支付令具有强制执行力。如果用人单位在收到支付令15日内，既不提出书面异议也不支付所欠劳动报酬的，劳动者就有权向受诉人民法院申请强制执行，这样有利于迅速地督促用人单位履行义务，及时有效地维护劳动者合法权益。

但是，支付令也有明显的不足，如果遇到无赖的用人单位提出任何异议，而不管《支付令异议申请书》中提出什么样的理由，支付令程序终结。

八十、夫妻在同一部门工作，用人单位可以调整其岗位吗

胡某和李某在同一家公司的同一个部门工作。2009年1月，胡某和李某举行了婚礼。婚假归来，胡某收到公司通知，"基于利益冲突原则的考虑，根据公司《职工手册》中的有关条款，对进入公司后形成的婚姻关系的职工，公司将对其进行工作岗位的调整，使其分处于不同部门或不同的工作地点"。通知还要求胡某自收到通知后即日起到新岗位报到，否则公司有权依据奖惩制度做出处理，直至解除劳动合同。胡某认为自己与妻子虽然在同一部门工作，但是岗位不同、职责不同，不存在利益冲突的问题，自己无法接受，不同意公司单方面做出的调整岗位决定。

用人单位在规章制度中已经事先规定了上述情况是可以调换岗位的，却遭到胡某的拒绝，用人单位能否单方面做出调岗安排？

《劳动合同法》第四十条规定，在一些特定情况下，用人单位可以单方将劳动合同的内容予以变更。例如：劳动者患病或非因工负伤，在规定的医疗期满后不能从事原工作的；劳动者不能胜任工作的；劳动合同订立时所依据的客观情况发生重大变化，致使劳动合同无法履行的。

本案中的情形显然不属于用人单位可以单方变更劳动合同的情形，但是否用人单位就无权行使管理自主权，还需分析用人单位这条规定的性质与依据。首先，用人单位依据内部利益冲突原则，运用管理的手段要求劳动者在职务上有所回避，属于用人单位对其用人自主权的合理行使。如果双方在劳动合同中有所约定，劳动者确实出现约定中的情形时，用人单位有权依约调岗；如果劳动合同中并无如此规定，即使规章制度符合法定的实体与程序要求，依据《最高人民法院关于审理劳动争议案件适用法律若干问题的解释（二）》第十六条的规定，"用人单位制定的内部规章制度与集体合同或者劳动合同约定的内容不一致，劳动者请求优先适用合同约定的，人民法院应予支持"，用人单位在与劳动者协商并确认劳动者接受这一调整方案之前，无权直接予以调岗。

综上所述，如果用人单位对夫妻、亲属等劳动关系可能影响利益回避

原则而有所顾忌的,可以在劳动合同中约定:在同一部门或直属上下级关系的劳动者之间不得具有夫妻或者亲属关系,一旦存在此类关系的,公司有权对劳动者的岗位做出调整。如果此类规定只存在于用人单位的规章制度中,用人单位可以在劳动合同中添加该规章制度作为劳动合同的附件。

八十一、哪个用人单位该为解聘的劳动者承担责任

A公司一直是为D公司提供劳务派遣服务的合作伙伴。2008年6月,A公司向D公司派遣了1名专业技术人员易某,派遣期限为1年。2009年5月,D公司认为易某的工作并不能起到预期的作用,恰好公司和他的劳务协议也即将到期,决定把王某退回A派遣公司。但易某与A公司的劳动合同期限尚未到期,而易某又是A公司特地为D公司选聘的,其余客户都不具有对这种特殊行业人才的需求,于是,A公司决定解除与易某的劳动合同。于是,易某遂将A、D两家公司作为被申诉人向劳动争议仲裁委员会提出仲裁申请,要求支付违法解除劳动合同的两倍经济补偿金。

这两家公司到底谁应该为易某的解聘承担责任?这里首先需要明确两家公司的角色及其与易某的关系:D公司属于用工单位;A公司是劳务派遣公司;易某与A公司构成劳动关系;易某作为被派遣职工为D公司提供劳务,与其属于劳务关系。

从本案来看,用工单位D公司与易某的劳务协议已经终止,D公司将其退回A派遣公司属于合法退回。但在劳动关系中,用工单位的退回并不符合用人单位可以即时无补偿解除的要件。如果公司坚持解除劳动合同,劳动者可以选择继续履行劳动合同或者要求用人单位支付两倍的经济补偿金。但是,这是否表示当依法退回的劳动者被派遣公司违法解除劳动合同时,用工单位可以不承担任何责任?《劳动合同法实施条例》第三十五条规定,用工单位违反《劳动合同法》和《劳动合同法实施条例》有关劳务派遣规定的,由劳动保障行政部门和其他有关主管部门责令改正;情节严重的,以每位被派遣劳动者1 000元以上5 000元以下的标准处以罚款;给被派遣劳动者造成损害的,劳务派遣单位和用工单位应当负连带

赔偿责任。因此，易某主张的两倍经济补偿很可能由D公司与A公司共同承担。至于D公司因合法退工却遭受无辜赔偿，则可以依据其与A公司签订的协议向A公司追偿。

在劳务派遣用工中，用工单位并非将劳动者交由一家具备合法资质的公司派遣就可以完全规避所有的用工风险，在最容易产生劳动争议的解除劳动合同环节、合同终止环节、加班管理环节上一旦给派遣职工造成损失的，仍然需要与派遣公司一同承担赔偿责任。

八十二、实习过程发生意外伤害能否获得赔偿

岳某是某校一名大四学生，在学校规定的实习期间，岳某并没有跟随同学一起接受学校的统一实习安排，而是在当地一家用人单位找到了一个实习的机会。实习某一天，岳某在没有指导老师监督的情形下独自开启设备，致使手指受伤。用人单位立即将其送往医院救治，虽然处理及时，但是岳某手指造成永久伤害。还没有就业就留下这样的伤残，岳某很沮丧，他向公司提出提前录用自己为正式职工，否则用人单位应当承担补偿责任。用人单位认为建立劳动关系是双向选择的过程，用人单位有权利决定录用谁或不录用谁，况且岳某并不是公司的正式职工，受伤也是因其违反操作规程，在没有指导老师在场的情况下擅自操作设备而发生的，因此，用人单位拒绝承担任何责任。岳某无奈之下到人力资源和社会保障部门进行投诉，希望通过人力资源和社会保障行政部门讨回公道，但没想到也吃了闭门羹。

那么，实习学生在实习过程中发生的伤害应如何明确责任主体，岳某能否获得相应补偿？

首先，根据《工伤保险条例》第二条规定，中华人民共和国境内各类企业的职工和个体工商户的雇工，均有依照本条例的规定享受工伤保险待遇的权利。原劳动部《关于贯彻执行〈劳动法〉若干问题的意见》第十二条又规定，在校生利用业余时间勤工助学，不视为就业，未建立劳动关系，可以不签订劳动合同。因此，从主体上来看，岳某属于在校生不能算作劳动者，不符合劳动者主体资格，也就不能按照工伤来对待，无法依

据国家有关工伤保险的政策规定享受待遇。

其次，实习生虽然不属于劳动者的范畴，但从另一个角度来看，其与用人单位之间构成劳务关系。而在劳务关系中，需遵循过错推定原则，如果不是基于劳动者过错将推定雇主承担责任。《最高人民法院关于审理人身损害赔偿案件适用法律若干问题的解释》第九条已经明确规定，雇员从事雇佣活动中遭受人身损害，雇主应当承担赔偿责任。但如果雇员存在故意或过错的，则需要承担相应的责任。因此，岳某仍然可以通过向人民法院提出侵权之诉来主张用人单位承担赔偿责任。

由于在校生被法律明确否定其劳动者主体资格，因此招用实习生的现象已越来越多地出现在用人单位中，在多种用工形式中占有较大比重。但是对于用人单位来讲，需要看到的不仅仅是实习生带来的用工成本低的好处，还应该了解这种用工所带来的风险，如人身意外损害、技术信息泄露等等。正是由于实习生实习不被归于劳动法调整范畴，一些劳动关系中劳动者的义务无法约束实习生，就更需要用人单位通过管理手段完善流程，比如签订比劳动合同更为清晰明确的劳务合同，包含实习期限、实习报酬、损害赔偿责任主体、合同解除条件、保密条款、违约条款等。

八十三、是解除劳动合同还是终止劳动合同

周某是A公司的人力资源经理，该公司主要经营B公司产品的销售，两家公司本身也是拥有相同投资方的关联企业。创立初期两家公司一直处于齐头并进的发展态势，但由于经营环境不同，A公司的业务渐渐萎缩。经过股东们的讨论，投资人决定关闭A公司，由B公司自己设立销售团队。决议一经通过立即付诸实施，可周某所负责的工作却让他犯难，尽管很多职工已经陆续辞职，但仍有部分管理职位的人员留守，他们的劳动关系该怎么处理？是基于客观情况的变化而解除劳动合同，还是可以随公司关闭终止劳动合同？

第一，客观情况发生变化之所以可以解除劳动合同是依据《劳动合同法》第四十条的规定，即劳动合同订立时所依据的客观情况发生重大变化，致使劳动合同无法履行，经用人单位与劳动者协商，未能就变更劳

动合同内容达成协议的，用人单位需提前 30 日以书面形式通知劳动者本人或者额外支付劳动者一个月工资后，可以解除劳动合同。此客观情况是指发生不可抗力或者出现致使劳动合同全部或者部分条款无法履行的其他情况，如用人单位迁移、被兼并、资产转移等，并且排除经济性裁员的情况。

第二，终止劳动合同较为常见的是劳动合同本身的原因造成的终止，如劳动合同期限届满，当劳动合同到期双方不再就续签达成协议时，劳动合同双方的主体都可以将劳动合同归于结束。但法律也赋予劳动合同双方主体在一定特殊情况下可以将劳动合同归于终止的情形，即劳动者与用人单位主体资格的丧失，如用人单位被依法宣告破产的或者被吊销营业执照、责令关闭、撤销或者用人单位决定提前解散的。因此，当用人单位申请破产或未满足约定的解散条件而提前解散公司的，都可以依法终止劳动合同，并按照《劳动合同法》第四十六条的规定支付经济补偿金。

本案中，A 公司虽然并未正式进入解散程序，依据实际情况来看，既然公司已经决定提前解散，符合《劳动合同法》第四十四条规定的法定终止劳动合同的情形，可以终止与劳动者的劳动合同。但需要注意的是，除了须依法向劳动者支付经济补偿金外，还应当确定关闭公司的期限，并在终止劳动合同的通知中向职工告知终止理由、依据及解散公司的时间。同时，在终止与劳动者的劳动合同后还应当确实解散公司，否则劳动者依然可以以违法解除劳动合同为由要求用人单位恢复原劳动关系，或者支付双倍的经济补偿金。

八十四、用人单位能否终止与合同到期工伤职工的劳动合同

某公司职工郭某在工作中发生工伤事故，被劳动和社会保障行政部门认定为工伤，劳动能力鉴定委员会鉴定为工伤五级。2008 年 9 月，截止郭某的劳动合同终止日期还有一个多月的时间，人事主管接到公司通知，鉴于郭某的身体状况，公司打算不再聘用郭某，人事主管便没有再向郭某发放《续约通知》，同时开始着手办理劳动合同终止以及社会保险的退保

手续。郭某听说这一消息后马上拨通了人事主管的电话，认为自己这种因工致伤的情况公司没有理由终止与他的劳动合同，应该继续聘用。公司到底能否不与郭某续签劳动合同。

《工伤保险条例》第三十六条规定，职工因工致残被鉴定为5级、6级伤残的，保留与用人单位的劳动关系，由用人单位安排适当的工作。难以安排工作的，由用人单位按月发给伤残津贴，标准为：5级伤残为本人工资的70%，6级伤残为本人工资的60%，并由用人单位按照规定为其缴纳应缴纳的各项社会保险费。伤残津贴实际金额低于当地最低工资标准的，由用人单位补足差额。经工伤职工本人提出，该职工可以与用人单位解除或者终止劳动关系，由用人单位支付一次性医疗补助金和伤残就业补助金。具体标准由省、自治区、直辖市人民政府规定。因此，如果劳动者经鉴定确为5级伤残的，即使劳动合同到期，除非劳动者自行提出希望终止劳动合同，用人单位不能单方面做出终止劳动合同的决定。

但这也并不意味着用人单位丧失了对工伤职工自主管理的权利。《劳动合同法》第四十二条规定，劳动者在本单位患职业病或者因工负伤并被确认丧失或者部分丧失劳动能力的，用人单位不得依照本法第四十条、第四十一条的规定解除劳动合同。但如果劳动者出现严重违纪、被追究刑事责任等符合《劳动合同法》第三十九条规定的情况时，用人单位依然可以对此做出严肃处理，包括解除工伤职工的劳动合同。同时，当劳动者确实因伤残不符合上岗要求、胜任工作的，用人单位可以按照法定的五级伤残标准发放伤残津贴、保留劳动关系，也可以高于伤残津贴的经济补偿数额与职工协商一致解除劳动合同，以此保证用人单位人员配置的效率，同时也保障了工伤职工的正常生活。

八十五、利用假学历欺骗用人单位获得聘用有效吗

某公司通过社会招聘的形式聘用一名项目经理，公司规定项目经理一职需要具备硕士以上学历，邓某遂将某重点高校的硕士学位证书复印件、身份证复印件以及亲笔填写并签名的"职位申请表"一并提交给公司人

力资源部。经审查，用人单位聘用了邓某。工作一段时间之后，公司同事普遍反映邓某的工作能力与他的学历背景不太相符。时隔不久，邓某工作又出现了纰漏，公司便开始核查邓某的职业背景信息。公司发现，邓某的硕士学位系伪造，其本人仅为大学本科水平。邓某伪造学历的事情在公司内不胫而走，邓某也无颜再继续工作下去，便向公司提交了辞职申请。但公司认为邓某不仅应该自动请辞，根据公司的薪酬结构，硕士学历的起薪标准为 8 000 元，本科学历的起薪标准为 5 000 元，因此，邓某还应当退还每个月因虚假学历而多领的工资。

首先，用人单位对于像邓某这样的劳动者，在其入职前就应当对职位要求中所列的所有项目进行背景调查，如学历、技术职称、户籍、从业经历、与原用人单位是否存在竞业限制或保密约定、是否存在违纪违法等不良记录等，这样可以在进入工作岗位之前就将不符合录用条件的人员排除掉。

其次，《劳动合同法》第二十六条规定，以欺诈、胁迫的手段或者乘人之危，使对方在违背真实意思的情况下订立或者变更劳动合同的，劳动合同无效或者部分无效。对劳动合同的无效或者部分无效有争议的，由劳动争议仲裁委员会或者人民法院确认；第二十八条规定，劳动合同被确认无效，劳动者已付出劳动的，用人单位应当向劳动者支付劳动报酬，劳动报酬的数额，参照本单位相同或者相近岗位劳动者的劳动报酬确定；第八十六条规定，劳动合同依照本法第二十六条规定被确认无效，给对方造成损害的，有过错的一方应当承担赔偿责任。因此，邓某的情况可归类于上述法条规定的欺诈致使劳动合同缔结的情形，用人单位可以向劳动争议仲裁委员会提起仲裁申请，要求认定其与邓某签订的劳动合同无效。同时，用人单位可以根据邓某的真实情况所对应的薪酬等级主张邓某退回并补偿其欺诈行为所造成的工资差额和其他损失。

最后，人力资源管理部门在招聘工作中还需要注意的一个技巧是，由于用人单位制作工作档案所留存的劳动者证明文件都是复印件，其证明效力存在瑕疵、薄弱的缺点。因此，可以要求拟聘人员在其证明文件的复印件上签署自己的姓名，以增强复印件的证明力。

八十六、用人单位可以安排哺乳期女工倒班吗

某公司实行三班倒的工作安排,即每个工位每天有3名职工轮班工作,每天工作时间为8小时,班组内有5名职工,因此每个职工都有可能被轮排在夜间工作。近日,司某的产假即将结束,马上就会返回单位继续从事休假前的工作,但却让人力资源部门负责人犯了难——平时都知道女职工在孕期和产期期间的劳动强度法律法规有明确规定,但就是不清楚在产假之后,仍处于哺乳期但已恢复正常生理状态的女职工是否依然需要特殊保护?是否可以按照以前的工作定额来为司某安排工作?当个别人员出现请假或者其他不能工作的情形时,如果安排司某超时工作的,是否会面临法律风险?

《女职工劳动保护规定》第十条规定,女职工在哺乳期内,所在单位不得安排其从事国家规定的第三级体力劳动强度的劳动和哺乳期禁忌从事的劳动,不得延长其劳动时间,一般不得安排其从事夜班劳动。由此可见,司某处于哺乳期,除了劳动强度必须符合法律法规规定外,用人单位自然也是不能安排其加班;至于能否依旧执行倒班的工作模式还需了解夜班的定义。《〈女职工劳动保护规定〉问题解答》第七条对此进行了解释,所谓"夜班"是指职工在当日22点至次日6点间从事劳动或工作。而"一般不得安排其从事夜班劳动",系指用人单位一般情况下都应执行该法条的规定,对于女职工比较集中的企业,不安排其从事夜班劳动确实有困难的,由当地人力资源和社会保障行政部门批准后,可以暂时放宽执行,但要在较短时间内积极创造条件实施本规定的要求。因此,对于司某的工作时间,公司可以安排司某每日倒班,但是需要把握其所在工作班次的具体时间,即不能安排她在晚间10点至次日6点之间工作,其余时间段可以参照一般职工执行。截至哺乳期结束才可以恢复一般职工的统一管理方式。

正是由于女职工在身体结构和生理特点上都与男职工存在很大差别,才决定了女职工在一定情况下不宜从事特别繁重和较大强度的体力劳动;否则,不仅会引起其自身疾病,影响身体健康,甚至会影响下一代健康成

长。因此，不管是从法律还是社会责任的角度，用人单位针对劳动中的一些特殊情况对女职工进行保护是各方所需。

八十七、用人单位是否必须支付伤残职工的伤残就业补助金

翟某是某公司的职工，某日因搬运货物时不慎摔倒，上医院检查后被确诊为左臂骨折，治疗后，医生建议翟某静养两个月。公司及时协助翟某办理了工伤认定和相关手续，翟某被认定为工伤10级。两个月的停工期结束，翟某却没有上班，电话也打不通。

一周之后，人力资源部门根据公司"连续5天旷工的，解除劳动合同"的规章制度对翟某做出处分，并将处理决定分别邮寄到翟某本人及其父母的家庭住址。通知发出没有几日，翟某便找到公司，声称自己正处于工伤医疗期，公司无权单方面解除劳动合同，要求为其支付经济补偿金、伤残就业补助金，否则将采取诉讼手段维护自己的权益。

首先，翟某应当享受工伤的相关待遇，但并不意味着公司与他的劳动合同必须无条件地维持。翟某确实存在记录在案的旷工事实，而旷工又属于该公司根据规章制度可以解除劳动合同的行为，符合《劳动合同法》第三十九条第（二）项严重违反用人单位规章制度的情形，公司可以据此无经济补偿地即时解除与他的劳动合同。

其次，根据《工伤保险条例》第三十五条、三十六条、三十七条规定，职工因工致残被鉴定为1～4级伤残的，保留劳动关系，退出工作岗位，享受一定标准的一次性伤残补助金；被鉴定为5级、6级伤残的，保留与用人单位的劳动关系，享受一定标准的一次性伤残补助金，经工伤职工本人提出，该职工可以与用人单位解除或者终止劳动关系，由用人单位支付一次性工伤医疗补助金和伤残就业补助金；被鉴定为7～10级伤残的，享受一次性伤残补助金，劳动合同期满终止，或者职工本人提出解除劳动合同的，由用人单位支付一次性工伤医疗补助金和伤残就业补助金。像翟某这样被认定为10级伤残的，由于工伤对其就业影响不大，因此，劳动合同到期用人单位不再续签，劳动者也可以自行提出辞职，但用人单

位也要为其支付一次性工伤医疗补助金和伤残就业补助金。

对于瞿某来说,其本人是因旷工被公司以严重违纪解除劳动合同的,既不符合劳动合同期满需终止,也不是自行提出辞职,因此,用人单位无须支付伤残就业补助金。

八十八、被派遣劳动者遭受工伤,谁应该承担责任

2006年1月苏某在某公司工作,2007年11月后改为劳务派遣工。2010年1月,苏某在工作时受伤,被人力资源和社会保障行政部门认定为工伤,被劳动能力鉴定委员会鉴定为9级伤残。公司在支付了苏某的医疗费后,就不再过问。苏某无奈来到劳务派遣公司要求支付工伤待遇,劳务派遣公司也一直推脱。于是,苏某向劳动争议仲裁委员会提出仲裁申请,要求劳务派遣公司支付其工伤待遇。

劳动争议仲裁委员会在审理中追加了某公司为被申诉人。某公司辩称,苏某虽是在工作时受的伤,但在2007年11月后苏某的身份已经变为劳务派遣工,苏某的工伤应当由劳务派遣公司负责。劳务派遣公司辩称,两公司定有协议,劳务派遣公司只是代该公司管理后勤职工,工资也是该公司打到该劳务派遣公司账上,由劳务派遣公司代为发放。劳务派遣公司财力有限,无力承担其工伤待遇。劳动争议仲裁委员会审理后认为,《劳动合同法》第九十二条规定,"给派遣劳动者造成损害的,劳务派遣单位与用工单位承担连带赔偿责任"。该公司与劳务派遣公司均未给苏某参加工伤保险,未缴纳工伤保险费,并相互推卸责任,已经对苏某造成了损害,应当承担连带赔偿责任。在多次调解无效后,劳动争议仲裁委员会裁决两公司连带支付苏某各项工伤待遇65 000余元。

八十九、试用期期限如何与劳动合同期限相匹配

李某原本是一家公司的总经理助理,由于人事专员突然离职,公司只好安排李某身兼二职,接管了人事专员的大部分工作。毫无经验的李某在

劳动合同签订的环节就遇到了问题，她发现公司职工的劳动合同基本都是3年左右，不是三年零一天，就是三年零一个月。听身边的同事解释，由于公司的产品较为冷门，对职工的技术要求也较高，这两种做法都是为了让职工的试用期能够保证在6个月，最大程度地达到试用目的。李某有些困惑，劳动合同期限到底应该如何设计才能与公司需要的试用期限相匹配？

试用期在劳动者的入职管理中已经成为必不可少的一个流程。《劳动合同法》除了为用人单位设置试用期提供了法律依据外，还规定不同的劳动合同期限对应长短不同的试用期，且同一用人单位与同一劳动者只能约定一次试用期。所以，试用期的长短在某些用人单位或某些岗位上逐渐成为决定劳动合同期限长短的逆向因素。但是最长期限的试用期到底可以对应多长时间的劳动合同，则需要根据法律的明确规定来具体操作。

《劳动合同法》第十九条规定，"劳动合同期限三个月以上不满一年的，试用期不得超过一个月；劳动合同期限一年以上不满三年的，试用期不得超过两个月；三年以上固定期限和无固定期限的劳动合同，试用期不得超过六个月"。在这一规定中，如果劳动合同期限为两年或者四年以上的，其对应的试用期区分很好理解，但恰恰是在一年、三年这样的临界点上，人力资源管理部门操作起来可能比较复杂，因为这里的"不满"、"以上"需要借助于《民法通则》中对"本数"的界定。《民法通则》第一百五十五条规定，民法所称的"以上"、"以下"、"以内"、"届满"，包括本数；所称的"不满"、"以外"，不包括本数。由此可见，3年期的劳动合同就可以约定6个月的试用期；一年整的劳动合同则可以约定两个月的试用期，用人单位无须为了"凑足"试用期而增加劳动合同期限。

至于期限为三年零一天、三年零一个月的劳动合同与三年整的劳动合同之间的区别在此不得不提，它将对劳动合同的处理，特别是劳动合同到期终止需要支付的经济补偿金有很大影响。《劳动合同法》第四十七条规定，"根据劳动者在本单位工作的年限，每满一年支付一个月工资的标准的经济补偿。6个月以上不满1年的，按1年计算；不满6个月的，向劳动者支付半个月工资的经济补偿"。因此，当劳动合同终止，用人单位需要支付经济补偿金时，劳动合同期限为3年整的，用人单位只需支付3个月的工资作为经济补偿金；而期限为三年零一天的劳动合同，用人单位则需要为这一天多支付半个月工资的经济补偿金。

九十、劳动者离职后的提成该不该支付

单某是某公司的销售主任，每月工资由基本工资、补贴和销售提成组成。公司的《职工手册》、《岗位任命书》等分别约定，对单某本人签订的销售合同，公司按照6%给予销售提成；单某如果离职，对其在公司工作期间签订的合同，自离职之日起60天内到账的数额，提成仍按原标准支付，否则不再支付。2008年2月，单某与某公司签订了一份销售合同，该合同约定公司于2008年10月15日前结清款项。2008年5月单某辞职。2008年7月、12月某客户将两笔尾款汇入公司账户，这两笔回款均已距离单某离职超过60天，因此单某未能领取提成。

随后，单某向劳动争议仲裁委员会提出仲裁申请，要求公司支付其两笔到账款的提成。单某认为销售人员的职责就是为公司签订订单，合同签署之后即完成工作任务，是否得到回款不应作为销售人员的绩效指标甚至是工资支付的标准。公司则认为《职工手册》和《岗位任命书》中对提成的支付予以60天的宽限期本身已经是对职工权利的保障；根据《岗位任命书》，销售人员的职责不仅在签订合同，还包含督促回款，况且单某在离职协议中也确认其"工资、各项福利待遇、报销结算至离职之日"。

从案情来看，双方签订的协议是双方真实意思的表示，公司依据以上提成办法执行无可厚非；况且根据企业的管理习惯，劳动者的工资报酬应当结算至离职之日，而公司给予离职的销售人员60天的催账宽限期显然是对劳动者权利的扩大，理应受到法律的保护。但事实却相反，因为公司很大程度上放大了制度程序的效力，忽视了法律对用人单位规章制度内容合法性与合理性的要求。

销售人员的工作职责是针对公司的服务、产品进行销售，销售合同完成，销售人员的工作也就完成了。销售款项在合同签订之后是否到账、何时到账属于企业经营风险，不应属于销售人员的责任。合同签订之后，对方未付款或未完全付款的，属对方违约，公司应当通过诉讼或其他手段追

究对方责任，保护自己的合法权益，而不应将这种风险转嫁于职工。

《劳动合同法》第二十六条规定，用人单位免除自己的法定责任、排除劳动者权利，或违反法律、行政法规强制性规定的，劳动合同无效或者部分无效。因此，即使公司通过合同、制度将以上责任用白纸黑字固定下来，也将因其内容上存在瑕疵而导致有关按照到账额提成的计算办法无效，该公司应当向单某支付其应得的提成。

九十一、谁来维护患职业病劳动者的权益

孙某是某公司的职工，由于工作环境的原因，时常感到身体不适。经医院检查和法定医疗机构诊断，孙某被确诊为职业病。2008年6月，孙某住院治疗，出院之后孙某遵照医嘱在家休息。自2008年9月开始，公司依据规章制度中医疗期待遇的规定降低了孙某的工资。孙某认为自己是经法定医疗机构确诊的职业病，公司无权降低其工资待遇，遂向劳动保障监察机构进行投诉，要求对公司的行为予以处罚，同时公司还应恢复其原有的工资水平并予以赔偿。劳动保障监察机构建议孙某向劳动争议仲裁委员会申请仲裁，通过劳动争议仲裁的手段维护自己的权利。

首先，《职业病防治法》对职业病的待遇有明确的规定。劳动者被诊断患有职业病的，除可以依法享有工伤保险外，尚有权向用人单位提出赔偿要求。《工伤保险条例》第十四条第（四）项也将职业病认定为工伤。因此，被认定为职业病的劳动者应当享受与工伤职工同等的待遇和保障，而不是单纯的医疗期处置方法。

其次，《工伤保险条例》第三十三条规定，职工因工作遭受事故伤害或者患职业病需要暂停工作接受工伤医疗的，在停工留薪期内，原工资福利待遇不变，由所在单位按月支付。停工留薪期一般不超过12个月，延长不得超过12个月。由此可见，本案中，公司显然不能单方面降低孙某在停工留薪期的工资水平。

孙某所在公司明显违反了国家有关工伤待遇的规定，《劳动合同法》第八十五条规定，用人单位未按照劳动合同的约定或者国家规定及时足额支付劳动者劳动报酬的，劳动者可以向劳动保障监察机构进行投诉，由劳

动保障监察机构责令用人单位限期支付劳动者劳动报酬；劳动报酬低于当地最低工资标准的，应当支付其差额部分；逾期不支付的，责令用人单位按应付金额50%以上100%以下的标准向劳动者加付赔偿金。

《劳动保障监察条例》第二十条规定，违反劳动保障法律法规或者规章的行为在两年内未被劳动保障行政部门发现，也未被举报、投诉的，劳动保障行政部门不再查处。前款规定的期限，自违反劳动保障法律法规的行为发生之日起计算；违反劳动保障法律法规的行为有连续或者继续状态的，自行为终了之日起计算。第二十一条规定，劳动者与用人单位就赔偿发生争议的，依照国家有关劳动争议处理的规定处理。对应当通过劳动争议处理程序解决的事项或者已经按照劳动争议处理程序申请调解、仲裁或者已经提起诉讼的事项，劳动保障行政部门应当告知投诉人依照劳动争议处理或者诉讼的程序办理。

因此，这类争议由劳动争议仲裁委员会进行审理并作出裁决，更有利于保护劳动者的合法权益。

九十二、劳动者"服务期"违约应当承担什么责任

《劳动合同法》以及《劳动合同法实施条例》所指的服务期，从性质上讲是基于用人单位对劳动者进行特殊培训而约定的服务期限。因此，服务期属于单方法律关系，即在服务期协议中，劳动者只有履行服务期的义务，而没有相应的权利；用人单位有要求劳动者履行服务期的权利，而没有相应的义务。在服务期内，劳动者不能提出终止服务期的要求，但是用人单位在约定的情形下可以随时决定是否终止服务期。这是"服务期"与"劳动合同期"的主要区别。

劳动者违反服务期协议，是否需要承担违约责任，取决于双方签订的服务期协议是否就违约责任有约定，或取决于用人单位经过民主程序制定的规章制度是否对此有所规定。如果没有这样的约定或没有这样的规定，那么劳动者就不需要承担违约责任。

违反服务期的违约责任与用人单位对劳动者出资培训的费用挂钩，其

具体支付方法在《关于试用期内解除劳动合同处理依据问题的复函》（劳办发〔1995〕264号）中有比较明确的规定："约定服务期的，按服务期等分出资金额，以职工已履行的服务期限递减支付；没有约定服务期的，按劳动合同期等分出资金额，以职工已履行的合同期限递减支付；没有约定合同期的，按5年服务期等分出资金额，以职工已履行的合同期限递减支付；双方对递减计算方式已有约定的，从其约定。如果合同期满，职工要求终止合同，则用人单位不得要求劳动者支付该项培训费用。"

那么，如果试用期与服务期重叠，劳动者的违约责任该如何认定？为了避免试用期职工无责任辞职权与服务期的冲突，《关于试用期内解除劳动合同处理依据问题的复函》规定，"用人单位出资（指有支付货币凭证的情况）对职工进行各类技术培训，职工提出与单位解除劳动关系的，如果在试用期内，则用人单位不得要求劳动者支付该项培训费用"。

在服务期内用人单位解除服务期协议的，无须承担违约责任，但是也不能追究劳动者的违约责任。《劳动合同法实施条例》第二十六条规定，如果是因为劳动者自身违法、违纪在先，导致用人单位被迫解除与其签订的服务期协议以及劳动合同的，劳动者仍需要继续承担违约责任。

如果用人单位违法用工在先，侵害劳动者权益的，劳动者在服务期内可以随时提出辞职，而且无须承担任何违约责任。用人单位的违法情形主要依据《劳动合同法》第三十八条的规定来确定。具体包括以下情形：未按照劳动合同约定提供劳动保护或者劳动条件的；未及时足额支付劳动报酬的；未依法为劳动者缴纳社会保险费的；用人单位的规章制度违反法律法规规定，损害劳动者权益的；因《劳动合同法》第二十六条第一款规定的情形致使劳动合同无效的；用人单位以暴力、威胁或者非法限制人身自由的手段强迫劳动者劳动的，或者用人单位违章指挥、强令冒险作业危及劳动者人身安全的；法律、行政法规规定劳动者可以解除劳动合同的其他情形的。

九十三、公司依规处分劳动者是否有错

姜某从1999年起在某公司工作。2008年2月，姜某在体检中查出自

己患病。2008年6月，姜某住院治疗。一个半月后，根据医院出具的病假证明，姜某继续在家中静养调理。在此期间，公司一直为其发放病假工资。根据姜某的工作年限，应该享有6个月的医疗期。2008年11月30日，公司书面通知姜某必须于12月5日到公司上班，姜某也于当天在通知上签名确认，但截至12月10日姜某都未曾露面。根据公司规章制度，连续旷工超过5天即构成严重违纪，2008年12月20日，公司向姜某快递送达了与其解除劳动合同的书面通知。

2009年1月，姜某向劳动争议仲裁委员会提出仲裁申请，要求公司撤销解除劳动合同的决定，并向其支付经济补偿金。但是令公司没有想到的是，劳动争议仲裁委员会依据《劳动合同法》第四十条的规定裁决支持了姜某的申诉请求。

首先，《劳动合同法》第四十条第一款规定，劳动者患病或非因工负伤，在规定的医疗期满后不能从事原工作，也不能从事由用人单位另行安排的工作的，用人单位提前30日书面通知或者额外支付劳动者1个月工资后，可以解除劳动合同。此条款的关键点在于"不能"二字，即患病或非因工负伤的劳动者在医疗期满后，因其身体状况或其他客观因素导致无法从事劳动，造成劳动合同提前解除，而非其本人"不想"、"不愿"这类主观原因。

其次，用人单位通过规章制度规定的严重违纪可以解除劳动合同是依据《劳动合同法》第三十九条关于"劳动者严重违反用人单位的规章制度的，用人单位可以解除劳动合同"的规定，这一规定下的违纪通常具有主观故意为之的性质，旷工更是如此。主观故意拒绝工作与职工不能从事劳动具有根本区别，因此，在劳动争议仲裁或者诉讼中，如果公司希望主张以"严重违反劳动纪律"为由解除劳动合同符合法律规定，就需要举证证明劳动者不到岗提供劳动是出于劳动者的主观过错，即能提供劳动而不提供劳动。其举证重点应放在劳动者医疗期满，已经具备提供劳动的条件的相关证据。如果用人单位在没有相关证据的情况下即对劳动者做出因违纪解除劳动合同的处理决定，在仲裁或者诉讼中劳动者却可以提出证据证明确因疾病原因造成无法提供劳动，用人单位自然会面临劳动争议仲裁委员会和人民法院适用《劳动合同法》第四十条第一款做出用人单位败诉的仲裁裁决或判决的风险。

九十四、用人单位能否终止与身患难以治愈疾病劳动者的劳动合同

贺某在几个月前被查出患有癌症。根据贺某的工作年限应当享受3个月的医疗期。在3个月医疗期满后立即回到公司上班。现在，贺某的劳动合同即将在1个月后到期。按照公司的制度规定，如果用人单位不再与职工续签劳动合同的，用人单位需要提前30日向劳动者发出书面通知。可是贺某的情况很特殊，用人单位有些困惑。据了解，3个月的治疗中，贺某并没有采取手术治疗，贺某病后的表现又看不出来是否必须继续治疗，那么，用人单位是否可以到期终止与贺某的劳动合同？

首先，《企业职工患病或非因工负伤医疗期规定》（劳部发〔1994〕479号）规定，医疗期是指企业职工因患病或非因工负伤停止工作治病休息不得解除劳动合同的时限，即当职工不存在严重违纪、失职等过错行为时，用人单位不得在该期限内解除劳动合同，即使劳动合同到期也应当顺延至该期限结束。有关医疗期的长短法律政策也有其明确界定。同时，医疗期并非必须一次休完，医疗期3个月的可以在6个月内累计病休时间计算；6个月的按12个月内累计病休时间计算，9个月的按15个月内累计病休时间计算，12个月的按18个月内累计病休时间计算，18个月的按24个月内累计病休时间计算，24个月的按30个月内累计病休时间计算。因此，是否可以解除患病职工的劳动合同，首先要了解的就是患病职工可以享受多长时间的医疗期以及享受医疗期的条件。

其次，如果是难以治愈的疾病，如癌症、重症等在24个月内尚不能痊愈的疾病，根据原劳动部《关于贯彻〈企业职工患病或非因工负伤医疗期规定〉的通知》（劳部发〔1995〕236号）第二条规定，经企业和劳动主管部门批准，可以适当延长医疗期。案例中，贺某虽根据其工作年限对应的是3个月医疗期，可是因其所患疾病为癌症，因此而不能说贺某的医疗期已经结束。但鉴于贺某治疗之后能够继续从事原工作，直到劳动合同到期都并未继续申请病假，说明劳动合同到期之时并不符合职工处于医

疗期内不能终止劳动合同的情形。因此，公司可以按照正常的流程履行劳动合同到期终止的手续。但需要注意的是，如果劳动者在提前30日书面通知期间提出病假申请的，用人单位则需要撤回终止决定并继续履行医疗期义务。如果已经完成合同终止的，用人单位还需依照原劳动部《关于实行劳动合同制度若干问题的通知》的规定支付不低于6个月工资的医疗补助费；对患重病或绝症的，还应适当增加医疗补助费。

九十五、工程转包致人伤残谁来承担责任

某公司承建一高层建筑，后将内外墙粉刷的工作发包给薛某，薛某认为工作量较大自身难以按时完成，随后将外墙粉刷工作又发包给林某，林某招用海某等人为其工作。2010年5月，海某工作时不慎跌落，造成腿部骨折，后住院治疗。伤情稳定后，海某就赔偿问题多次找林某、薛某及某公司，林某认为海某受伤的原因是自己不小心造成的，况且自己为其垫付了医疗费，再要求赔偿，自己无力承担。薛某认为自己与林某签订有承包协议，协议规定了事故责任应由林某承担。公司则认为，海某不是本单位职工，海某受伤与该公司无关。在协商未果的情况下，海某向劳动争议仲裁委员会提出仲裁申请，要求依法确认自己与某公司之间存在劳动关系。

劳动争议仲裁委员会审理后认为，公司的理由不能成立，其发包工程行为属违法行为。根据《关于确立劳动关系有关事项的通知》（劳社部发〔2005〕12号）第四条规定，"建筑施工、矿山企业等用人单位将工程（业务）或经营权发包给不具备用工主体资格的组织或自然人，对该组织或自然人招用的劳动者，由具备用工主体资格的发包方承担用工主体责任"。《劳动合同法》第九十四条规定，"个人承包经营违反本法规定招用劳动者，给劳动者造成损害的，发包的组织与个人承包经营者承担连带赔偿责任"。

由此看出，某公司虽然将内外墙的粉刷工作分包给薛某，薛某又将工程发包给林某，但这两人均是自然人，并不具备用工主体资格，公司仍应承担用人单位的责任，海某与公司之间应存在劳动关系。海某的情形应构

成工伤，公司、薛某、林某对此应承担连带赔偿责任。经劳动争议仲裁委员会多次调解，海某拿到了公司、薛某、林某共同支付的60 000元赔偿金。

九十六、这样解除劳动合同合法吗

某单位一名职工因犯有诈骗罪于2005年被人民法院判处有期徒刑。2008年7月31日，该人刑满释放，2009年4月22日被解除社区矫正。该单位于2009年5月19日通过特快专递将一份2008年5月13日做出的《解除（终止）劳动合同证明书》邮寄给该人。几日之后，该人便向当地劳动争议仲裁委员会提出仲裁申请，认为用人单位解除他的劳动合同属于违法解除，要求劳动争议仲裁委员会依法撤销。

劳动争议仲裁委员会审理后认为，《劳动合同法》第五十条规定，用人单位应当在解除或者终止劳动合同时出具解除或者终止劳动合同证明，并在15日内为劳动者办理档案和社会保险关系转移手续。用人单位于2008年5月13日做出的解除劳动合同决定，在2009年5月19日才通过邮寄方式送达，且在此期间，用人单位也未通知该人来办理解除劳动合同的相关手续，用人单位的上述行为违反了国家法律规定。因此，劳动争议仲裁委员会做出仲裁裁决，该单位做出的《解除（终止）劳动合同证明书》违法。单位在收到劳动争议仲裁委员会的裁决后觉得很冤枉，认为对服刑期间的职工可以由用人单位单方面提出解除劳动合同是法律明确赋予用人单位的权利，用人单位解除劳动合同的程序也并无不妥之处。那么，究竟是劳动争议仲裁委员会的裁决有问题，还是用人单位的理解有偏颇？

《劳动合同法》第三十九条规定，劳动者被依法追究刑事责任的，用人单位可以即时、无经济补偿地解除劳动合同。根据原劳动部《关于贯彻执行〈劳动法〉若干问题的意见》（劳部发〔1995〕309号）第二十九条规定，"被依法追究刑事责任"，是指被人民检察院免予起诉的、被人民法院判处刑罚的、被人民法院依据《刑法》第三十二条免于刑事处分的。该职工的情况符合该条规定，用人单位有权对其做出解除劳动合同的处分。但《劳动合同法》第三十九条作为用人单位自主管理的依据有其存在和适用的法定要求，即劳动者必须符合被追究刑事责任的条件时，用人单位才可以此解除劳动合同。

案例中，用人单位在职工刑满释放后才以被追究刑事责任为由解除劳动合同，显然，用人单位做出决定，劳动者接到通知之时，"被追究刑事责任"的状态已经结束，法定理由已经不复存在。

用人单位无法证明将解除劳动合同的决定于该职工服刑期间曾向其送达、公告，又未能转出其档案与社保关系，劳动合同解除的行为只能自2009年5月19日该人实际收到解除通知书时生效。而此时，该人已经刑满释放，不再具备被追究刑事责任的条件，用人单位仍以此为由解除劳动合同不符合法律规定。

九十七、用人单位有无计发奖金的决定权

某公司自2007年开始每年年底向全体职工发放奖金，发放的方式以个人成绩、部门贡献与公司绩效综合考量计算。为了提升激励效果，公司分别于每年的1—3月以每月支付1 000元的标准提前预支一部分奖金，其余部分年底支付。骆某是该公司职工，2009年，他所在的部门因业务整体萎缩而停止运营，骆某也于2009年9月离开公司。本以为自己会按时得到当年奖金的骆某，在等到2010年2月份仍然没有拿到奖金。于是向劳动争议仲裁委员会提出仲裁申请。骆某称，既然自己在上半年已经获得提前预支的部分奖金，那么就有权利获得属于自己的奖金的剩余部分。公司辩称，骆某所在部门因业务萎缩而撤销，自然没有绩效可言，也就不应该向其支付奖金。况且骆某在2009年9月份就已经离职，也不应该参与奖金的分配。公司对奖金的发与不发、发给谁不发给谁有绝对的自由决定权。

首先，国家统计局《关于工资总额组成的规定》和《〈关于工资总额组成的规定〉若干具体范围的解释》的规定，工资总额由计时工资、计件工资、奖金、津贴和补贴、加班加点工资、特殊情况下支付的工资共六部分组成；奖金的范围主要包括：①生产（业务）奖，包括超产奖、质

量奖、安全（无事故）奖、考核各项经济指标的综合奖、提前竣工奖、外轮速遣奖、年终奖（劳动分红）等；②节约奖，包括各种动力、燃料、原材料等节约奖；③劳动竞赛奖，包括发给劳动模范、先进人物的各种奖金和实物奖励；④其他奖金等。因此，案例中，公司根据绩效、部门贡献、个人绩效考量而发放的奖金属于生产（业务）奖的类型，当然也就属于工资构成中的一部分。

其次，《劳动合同法》第三十条规定，用人单位应当按照劳动合同约定和国家规定，向劳动者及时足额支付劳动报酬。用人单位拖欠或者未足额支付劳动报酬的，劳动者可以依法向人民法院申请支付令，人民法院应当依法发出支付令；第三十一条规定，用人单位安排加班的，应当按照国家有关规定向劳动者支付加班费。因此，劳动者具备要求用人单位支付工资的权利，对于奖金，自然不例外。

最后，案例中的问题还表现在公司与骆某的劳动合同中并没有约定每年必须支付奖金，骆某所在的部门又因为业务萎缩而撤销，公司是否可以不向骆某支付奖金？从公司的连续做法来看，既然奖金需要根据当年度的生产经营状况、劳动者的工作表现和部门创造的效益来综合计算，就应当是在年终最后产出数据得出后才能决定是否需要发放奖金。而公司在年初就已经将奖金分批预先发放并成为惯例，即以实际行动表明奖金的发放并没有依据整个年度的效益来计算。因此，以效益作为拒发奖金的理由存在瑕疵。骆某于2009年9月离职，也就证明奖金计发年度内，其为公司付出了9个月的劳动，因此，如果公司规章制度和劳动合同未对年终奖明确规定，按照同工同酬的原则，骆某也应当得到一定比例的奖金。

九十八、孕期职工劳动合同解除后能否撤销

叶某担任某单位的人事专员。2010年5月28日，单位领导与叶某谈话，认为叶某的工作表现不尽如人意，将单方面解除与叶某的劳动合同。6月2日，该单位正式向叶某送达了《解除劳动合同通知书》，告知其自即日起不用再来上班，叶某签收后便离开工作岗位。6月4号，叶某来到单位，向单位领导说明经医院检查她已怀孕1个多月，要求单位撤销解除

劳动合同的决定，否则将申请劳动争议仲裁。单位领导给出的解释是，得知叶某怀孕的消息是在解除劳动合同之后，因此，单位解除劳动合同决定是在不知情的情况下做出的，解除劳动合同的决定合法有效。

《劳动合同法》第四十二条的规定，女职工在孕期、产期、哺乳期的，用人单位不得依据该法第四十条、第四十一条的规定解除劳动合同。即出现以下几种情况的，用人单位不能解除"三期"女职工的劳动合同：劳动者患病或非因工负伤，在规定的医疗期满后不能从事原工作，也不能从事由用人单位另行安排的工作的；劳动者不能胜任工作，经过培训或者调整工作岗位，仍不能胜任工作的；劳动合同订立时所依据的客观情况发生重大变化，致使劳动合同无法履行，经用人单位与劳动者协商，未能就变更劳动合同内容达成协议的；以及经济性裁员的。

《女职工劳动保护规定》第四条也规定，不得在女职工怀孕期、产期、哺乳期降低其基本工资，或者解除劳动合同。但如果出现《劳动合同法》第三十九条情形，如使用期间不符合录用条件；严重违反用人单位的规章制度；严重失职，营私舞弊，给用人单位造成重大损害；劳动者同时与其他用人单位建立劳动关系，对完成本单位的工作任务造成严重影响，或者经用人单位提出，拒不改正；被依法追究刑事责任等情形的，即使女职工处于孕期、产期、哺乳期内，用人单位也可以解除劳动合同。

本案中，叶某被辞退的理由是工作表现不尽如人意，可归类于不胜任工作的性质，属于《劳动合同法》第四十条的情形，用人单位不能在叶某处于"三期"期间解除她的劳动合同。

用人单位提出的解除劳动合同的决定做出之后方知叶某已经怀孕，这一说法显然值得推敲。现行劳动保障法律法规政策都并无对女职工是否怀孕事实通知用人单位作为享有"三期"特殊待遇的前提和义务的规定，即使没有通知用人单位，劳动者也可以直接就其怀孕、生产、哺乳的特定情形享受法律赋予的权利和待遇。因此，只要叶某确实在劳动合同履行期间怀孕的，又并未出现如《劳动合同法》第三十九条规定的情形的，用人单位不能解除她的劳动合同。

九十九、如何定性"带车求职"

7年前,董某在报纸上刊登了"带车求职"的广告,一家公司和他签订了一份《临时租车协议》,双方约定,董某及其车辆包租给公司,公司每月支付含租车、汽油、司机劳务、午餐补贴等在内的费用,过路、过桥费以及停车费由公司承担;星期六、星期日及节假日加班按200元/天结算。2006年6月,双方又续签了7个月的《临时租车协议》,约定董某负责上下班接送公司职工,每天工作时间为早上9:00至晚上18:00点。2007年1月,董某与公司续签6个月的租车协议。此后双方未续订协议,但仍按照原约定履行。

2009年7月,董某和公司为缴纳社会保险费发生了争议,董某向劳动争议仲裁委员会提出仲裁申请。劳动争议仲裁委员会审查后,以董某的请求不属于劳动争议受理范围为由,做出了不予受理决定。

2009年12月,董某向人民法院提起民事诉讼,请求人民法院依法判令公司支付自2007年7月至2009年7月未签订劳动合同的两倍工资差额,以及违法解除劳动合同的两倍赔偿金。

一审人民法院认为,董某作为司机所获得的收入可以认定为公司直接支付的劳动报酬。同时,董某持有的出入证上单位名称就是该公司,双方签订的协议、合同约定了工作内容、工作时间、加班管理等,证明董某完全接受公司的管理并以公司职工身份进行工作。由此一审人民法院判决双方形成劳动关系,公司应当支付董某2007年7月至2009年7月未签订书面劳动合同的两倍工资差额。

一审人民法院做出判决后,公司不服,上诉至中级人民法院。中级人民法院认为,董某自行承担车辆的保养、维修、保险等车辆本身产生的费用以及车辆运营过程中产生的风险。董某上下班接送公司职工,公司亦另行支付费用,这与劳动关系取得报酬的特征不符。从公司支付给董某的租车、汽油、司机劳务等费用看,不能认定公司直接向董某支付了劳动报酬,且公司工资发放花名册中亦无董某的名字。另外,公司不对董某进行考核管理,董某亦不受公司规章制度的约束,双方关系不具有人身依附、行政隶属等劳动关系的特征。

据此,二审人民法院认为,董某付出的劳务只是其承揽提供的车辆服务的一个组成部分,并未形成职业性的从属关系,因此判决撤销原判,对董某的诉求不予支持。

一〇〇、用人单位和劳动者能否约定劳动报酬支付日期

施某于2009年2月到某公司工作,双方签订了为期一年的劳动合同。合同中约定,施某月工资为1 000元,每月20日支付月工资的60%,剩余的工资于年底一次性付清。2009年9月,施某因生活困难,要求公司一次性付清此前8个月所欠的工资,公司以劳动合同有约定以及施某已经签字认可为由予以拒绝。施某几次找公司协商未果,于是向劳动争议仲裁委员会提出仲裁申请,要求单位一次性付清所欠的工资款3 200元。

《劳动合同法》第三十条规定,"用人单位应当按照劳动合同约定和国家规定,向劳动者及时足额支付劳动报酬"。《劳动法》第五十条规定,"工资应当以货币形式按月支付给劳动者本人。不得克扣或者无故拖欠劳动者的工资"。劳动争议仲裁委员会审理后认为,该公司应当按照劳动合同约定每月按时足额支付给施某1 000元的工资,不得克扣或者故意拖欠。而劳动合同中约定的"每月支付给劳动者月工资的60%,剩余的工资年底一次性付清"的条款因违反《劳动合同法》、《劳动法》的相关规定是无效的,即使施某在劳动合同书上签了字也不能改变条款无效的事实。经劳动争议仲裁委员会多次主持调解,该公司同意一次性支付给施某剩余的工资3 200元。

参考文献

[1] 程延圆. 劳动争议案例. 北京：中国劳动社会保障出版社, 2009.
[2] 蒋勇. 典型劳动争议案例评析. 北京：法律出版社, 2000.
[3] 郭娜, 王敏, 等. 劳动争议纠纷案例答疑. 北京：中国法制出版社, 2008.
[4] 姜颖. 劳动争议处理教程. 北京：法律出版社, 2003.
[5] 孙万胜. 劳动争议审判手册. 长春：吉林人民出版社, 2003.
[6] 苏倩. 如何处理劳动争议. 北京：北京大学出版社, 2004.
[7] 王淑焕. 劳动争议法律问题解答. 北京：中国计量出版社, 2002.
[8] 刘学民. 劳动争议仲裁与诉讼. 北京：人民法院出版社, 2000.
[9] 蒋勇. 典型劳动争议案例评析. 北京：法律出版社, 2000.
[10] 石美遐. 新编劳动争议仲裁案例. 北京：法律出版社, 2000.
[11] 孙德强. 中国劳动争议处理制度研究. 北京：法律出版社, 2005.
[12] 劳仲. 劳动争议案例100个说法. 南宁：广西民族出版社, 2001.
[13] 石雁. 劳动权益维护与劳动争议处理. 北京：新华出版社, 2005.
[14] 曹晓宏. 劳动争议案例评析100. 广州：中山大学出版社, 2009.
[15] 中国劳动保障报, 2009.
[16] 中国劳动保障报, 2010.
[17] 中国劳动保障报, 2011.

后　记

2009年9月，中山大学出版社出版了拙著《劳动争议案例评析100例》，经过反复阅读，总觉得有很多缺憾和不足。书中疏漏和错误不少，选择和撰写的部分案例也不够典型，唯恐误导了读者和有需要帮助的人，但事已至此，也只能如此了。为弥补心中的缺憾，我利用一切时间，又编著了《劳动权益维护100问》一书，即将出版发行，很是欣慰。

蓦然回首，已是不惑之年。大学毕业参加工作至今，已经走过了25个年头。回顾自己走过的历程，好像还是昨天的事情。22岁参加工作，没有烦恼，没有忧愁，更没有什么担心，全身心投入到工作之中。白天忙工作，晚上还要加班加点，单位从未发过加班工资，自己也从未考虑过什么前程，什么仕途。每当完成领导交办的工作任务，得到领导的表扬和肯定，高兴得像孩子一般手舞足蹈，乐在其中。这样的日子一过便是十几年，欢乐自在不言之中。

我从1990年开始写新闻报道，并向报纸杂志投稿，一年下来也有数篇"作品"问世。不知从什么时候开始，这些"作品"发表多了，开始有了不过瘾的感觉，觉得"豆腐块"太小了，已经不能满足自己写作的欲望。于是，开始涉猎自己经常关注的劳动和社会保障领域。

1992年8月，有幸调入劳动和社会保障局工作，成为一名社保系统的干部，开始接触并逐渐熟悉劳动和社会保障工作。从这时开始，这工作一干就是20年，期间先后服从组织安排，搞过养老保险、失业保险、财务审计、劳动争议仲裁和培训就业工作，从一名对劳动和社会保障工作一无所知的小青年到四十不惑的中年人，并逐步从科员一步步到科长的工作岗位。

"知足常乐"这句话伴随我走过了二十几个年头。但是，眼看着身边的同事和同学一个个被提拔走上了领导岗位，官场失意的放弃了公职下海经商，经过10多年的打拼，成了腰缠万贯的老板；而自己整天坐在办公室日复一日干着日常工作，竟也产生过混日子的想法，觉得这个世界真不公平，感叹自己生不逢时。1993年的一天，偶然碰到了高中同班同学，通过交谈了解了他的一些情况，当年高考时，在分数上线的情况下，由于填写的有关表格年龄超过了仅18天未被录取，便回乡下老家务农，结婚以后育有一双儿女，日子过得十分艰辛。一刹那，我被他的遭遇惊呆了。晚上躺在床上，回想起同学的人生道路，作为公务员的自己，日子过得还好，有什么理由混日子度年月呢？于是，暗下决心，努力干好本职工作，抛弃私心杂念，力争在所干工作领域有所收获。

　　一分耕耘，一分收获。十几年时间来，我撰写发表了有关社会保险、劳动关系、就业再就业、劳动者维权等方面的文章40余篇、近20万字，发表的论文中，也有数篇分别被省市有关部门评为优秀论文；2004年，担任副主编和同学一起完成了26万字的《静宁史话》一书的编辑工作，已由甘肃文化出版社出版，并被甘肃省地方志编纂委员会评为"全省第六届优秀史志成果"并荣获文史类二等奖；2005年，我被评为全省地方志工作先进个人；2009年9月我编著的《劳动争议案例评析100例》由中山大学出版社出版，2011年1月，被国家新闻出版总署列入"2010—2011年农家书屋重点图书推荐目录"，2011年5月被广东省列为农家书屋工程采购书目，2011年9月被评为平凉市第三届社会科学优秀成果一等奖。

　　人力资源和社会保障行政工作十分繁杂，自己感觉工作总也干不完。"五五"普法工作开展以来，根据局里安排，我担任市"五五"普法讲师团成员之一，承担全市劳动保障法律法规宣讲培训。为了搞好自己承担的这项工作，我系统学习了《民法》、《民事诉讼法》、《民法通则》、《劳动法》、《劳动合同法》、《就业促进法》、《民办教育促进法》、《劳动争议仲裁调解法》、《劳动合同法实施条例》、《工伤保险条例》、《失业保险条例》等法律法规。在认真学习的基础上，查阅大量的文献资料，分类记录整理学习笔记30多万字，收集精选、撰写劳动保障行政、劳动争议案件300多件，不断积累、丰富自己的法律知识。在此基础上，还积极参与劳动争议仲裁委员会重大与疑难劳动争议案件、劳动保障行政认定案件、行政复议和行政诉讼案件的讨论，为局领导正确决策提供参考意见。近年来，我先后在全市举办《劳动法》、《劳动合同法》、《劳动争议调节仲裁法》、《就业促进法》、《工伤保险条例》等劳动保障法律法规以及劳动者维权知识专题讲座60余场次，培训人员达1万余人，涉及企事业单位职工、下岗失业人员、农民工、大中专院校学生、农村大龄女孩、残疾人和复退军人等。我充分利用职业法律工作者的有利条件，发挥自己对劳动保障法律法规较为熟悉和较为丰富的劳动人事仲裁实践经验的优势，先后受市劳动和社会保障局领导的委托，代理出庭应诉劳动保障行政确认案件6起。诉讼期间，认真履行职责，充分准备，精心撰写答辩状、代理词。庭审中，以事实为依据，以法律为准绳，做到有理、有据、有节，有力地维护了劳动保障行政部门的行政权利，较好地完成了诉讼代理任务。多年来，先后免费为部分农民工、下岗失业人员提供了法律帮助，代写《劳动争议仲裁申请书》100余份，民事诉状60份，答辩状40多份；免费代理劳动争议仲裁案件26件，代理民事诉讼案件22件。如农民工李某意外人身伤害赔偿案、农民工戴某与单位保管合同案、失业人员王某与用人单位解除劳动合同案、农民工李某与单位工伤保险待遇案等。2006年，我被市人民政府评为"全市政府法制工作先进个人"；被市劳动和社会保障局评为"先进工作者"；2008年被省劳动和社会保障厅评为"全省职业技能鉴定先进工作者"；2009年被市劳动和社会保障局评为"全市职业技能鉴定先进工作者"；2011年被市人力资源和社会保障局评为"优秀共产党员"。

  人力资源和社会保障工作是民计民生工作的重要组成部分，涉及方方面面，这一工作政策性强、工作量大、任务非常繁重，直接面对各类弱势群体，因而我们肩负的重任可想而知。近几年来，党和政府十分关心人力资源和社会保障工作，从中央到地方，近年来都投入了大量的人力、物力和财力。广大群众都十分期盼着社会保障能够尽快实现全覆盖，我们的工作任重而道远。

  本书所选劳动者权益维护知识，除由本人撰写外，部分来源于《中国劳动保障报》等各类报纸、杂志和网络，由于资料收集的时间跨度大，未能一一注明出处，涉及的资料已在参考文献中列出。在本书出版之际，向上述资料作者及出版单位表示真挚的感谢。为使案例结构一致，对部分案例的结构进行了调整和改写，使案例的结构前后保持一致，内容更加清晰和完善。由于作者学识、能力所限，错误肯定不少，敬请读者批评指正。

平凉市市委常委、秘书长李雪峰为本书书写了"依法维护职工合法权益，全力构建和谐劳动关系"的题词；平凉市委组织部副部长、市人力资源和社会保障局局长、劳动人事争议仲裁委员会主任樊文浩在百忙之中对书稿进行了审阅，并为本书撰写了序言；劳动人事争议仲裁委员会副主任刘刚多次过问书稿的编撰，并给予指导；平凉市司法局副局长陈玉梅对全书进行了审阅，并对全书稿进行了修改；静宁县委党校高级讲师吴川会对书稿进行了审阅，提出了很好的修改意见。在此，对他们付出的辛勤劳动表示衷心感谢。

谨以此书，作为我献给父母、妻子儿女的一份礼物。感谢我父母多年来对我的培养和教育，感谢妻子对我的理解和帮助，感谢我的孩子刻苦学习的精神带给我写作的动力。我还要感谢单位领导，他们的鼓励和支持，进一步激发了我工作的动力。还要特别感谢中山大学出版社的编辑王睿为本书的出版所付出的辛勤努力。虽然，用"感谢"二字不能完全表达我心中的感激之情，但是，我还是要再次用"感谢"二字，感谢一切对我有帮助的人们。我深深地感谢。

2011 年 4 月
曹晓宏